Français

Manuel de l'élève

B

Jocelyne Cauchon
Louise Jutras
Ginette Létourneau

MEMBRE DU GROUPE MORIN

171, boul. de Mortagne, Boucherville (Québec) J4B 6G4
Tél. : (450) 449-2369 Téléc. : (450) 449-1096

Supervision du projet et révision linguistique
Sylvie Lucas

Direction artistique
André Gratton

Mise en pages
Diane Parenteau

Mascottes
Daniel Dumont

Cartes Oreillimot
Andrée Chevrier

L'éditeur tient à remercier les enseignants et les enseignantes qui ont expérimenté la version provisoire de la collection Tous azimuts *et qui ont permis, par leurs commentaires et leurs suggestions, de concevoir cette version finale.*

Données de catalogage avant publication (Canada)

Cauchon, Jocelyne 1953-

Tous azimuts : 1er cycle du primaire. Manuel B

ISBN 2-89242-804-1

1. Lectures et morceaux choisis (Enseignement primaire). I. Jutras, Louise. II. Létourneau, Ginette, 1956- . III. Titre.

PC2115.T685 1999 Suppl. 7 448.6 C2001-940653-3

Nous reconnaissons l'aide financière du gouvernement du Canada par l'entremise du Programme d'aide au développement de l'industrie de l'édition pour nos activités d'édition.

Gouvernement du Québec – Programme de crédit d'impôt pour l'édition de livres – Gestion SODEC

Dépôt légal 2e trimestre 2001
Bibliothèque nationale du Québec

ISBN 2-89242-804-1
Imprimé au Canada 1 2 3 4 5 6 – 6 5 4 3 2 1

Illustrations
Christine Battuz, p. 6, 8, 20, 21, 62, 63, 65, 78, 79, 90-92 ;
Andrée Chevrier, p. 12, 18, 76, 88, 100, 108, 109 ;
Arto Dokouzian, p. 30, 31, 64 ;
Daniel Dumont, p. 35, 36, 46, 47, 70, 110 ;
Marie-Claude Favreau, p.10, 11, 13-15, 42-44, 72-74, 82, 94-96 ;
Danielle Lambert, p. 70 ;
Steeve Lapierre, p. 5, 19, 22, 23, 26-28, 30, 31, 33, 34, 37-39, 45, 48, 53, 61, 68, 80, 81, 83-85, 89, 93, 97, 102-105 ;
Stéphane Lortie, p. 7, 40, 75, 77 ;
Joanne Ouellet, p. 16, 49, 56-59, 71, 98, 99 ;
François Thisdale, p. 17, 23-25, 29, 41, 52, 55, 77, 86, 87, 101.

Photos
ACDI, Peter Benett, p. 54 (4, 5) ;
Agence spatiale canadienne, p. 66 ;
Bernard Brault, p. 107 (6) ;
Pierre Charbonneau, p. 67 (6) ;
Corel, p. 48 (2, 3, 4, 5, 8), 51 (1), 82 (1, 2), 107 (2, 7, 8, 10) ;
Boutique Couleurs, p. 32 (2), 54 (3) ;
Le Courrier du patrimoine, Postes Canada, p. 54 (1, 2) ;
Pierre Dauth, p. 107 (3) ;
Arto Dokouzian, p. 32 (2), 48 (9, 10), 53, 54 (3, 6), 97 ;
Galerie Jeannine Blais / Zoom, p. 50 ;
Rachel Giroux, p. 51 (9) ;
Guide de la route, reproduit avec l'autorisation des Publications du Québec, p. 92 (1-5) ;
Insectarium / Ville de Montréal, p. 107 (1) ;
Jardin zoologique de Québec, p. 51 (3) ;
Ginette Lambert, p. 51 (4, 10) ;
La Passion chocolatée, p. 51 (6) ;
La terre de chez nous, p. 51 (7), 107 (4) ;
MAPAQ, p. 51(2) ;
Material World, Peter Menzel, p. 30, Miguel Louis Fairbanks, p. 31 ;
Normand Paquin / Pierre Longtin, p. 67 (4) ;
PhotoDisc, p. 16, 32 (1, 5, 6) ;
Pinsonneault et Ginette Lambert, p. 32 (3) ;
Réflexion Photothèque, p. 32 (4) Camerique, 48 (7)
Benelux Press, 51 (5) Int'l Stock ;
Yves Sauvageau, p. 67 (5) ;
SuperStock, p. 48 (6), 51 (8), 106 ;
Ville de Longueuil, p. 107 (5, 9) ;
Ville de Montréal, p. 35, 36 ;
Wrebbit, p. 67 (7).

Page couverture
Collage : Steeve Lapierre
Photos : Marie-Claire Borgo, Int'l Stock / Réflexion Photothèque

Table des matières

Ça m'aide

Ça passe vite

Ça reviendra encore

Situation d'écriture

Activité de sciences et technologie ou d'univers social

Avec *Tous azimuts*, tu vivras une foule de projets et d'excursions au fil des thèmes.

Dans chaque excursion, il y aura :

- un départ ➤ tu te prépares ;
- un parcours ➤ tu es en route ;
  ➤ tu regardes certains aspects ;
- une arrivée ➤ tu organises tes découvertes.

C'est étonnant

Ton projet

Fais quelque chose d'étonnant à l'ordinateur

Pourrais-tu...

- ... te familiariser avec le courrier électronique et l'expérimenter ?
- ... consulter des sites Internet ?
- ... écrire un court texte ?
- ... utiliser une banque d'images ?
- ... envoyer des cartes de souhaits ?

Présente ta production et évalue-la avec ta classe.

- Explique de quoi il est question dans ce texte.
- Dis ce que tu sais du courrier électronique.

Lis le texte pour découvrir le courrier électronique. Explique ensuite comment il fonctionne. Ça te permettra de te familiariser avec une technologie bien pratique.

Un courrier bien spécial

– Geneviève, tu as reçu un courrier électronique ! Regarde bien !

Sur l'écran de l'ordinateur, il y a une lettre de maman. Il y a aussi une photo d'elle. C'est génial !

Grand-papa m'explique que les ordinateurs communiquent entre eux par téléphone. Ils s'échangent des textes et des images. Certains ordinateurs, qu'on appelle *serveurs*, sont reliés à d'autres serveurs partout dans le monde. Ils sont toujours branchés. Il suffit de communiquer avec le serveur pour consulter son courrier électronique ou pour en envoyer.

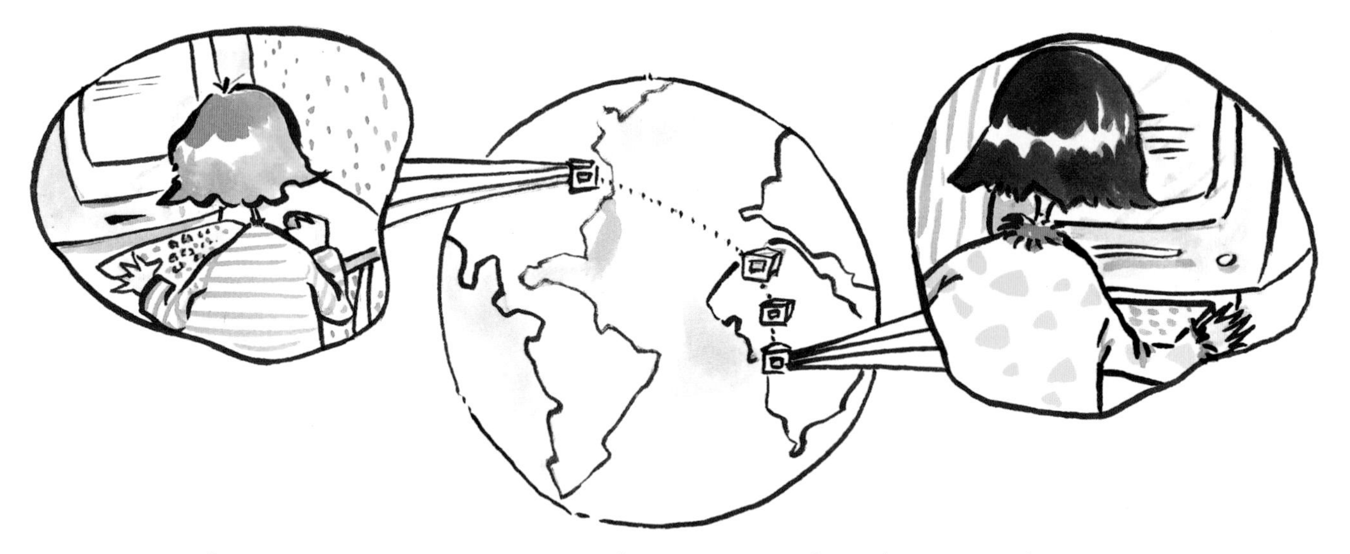

Je réponds à maman. J'écris ma lettre, puis l'ordinateur la transmet à l'adresse électronique de ma mère. Ça ne prend que quelques secondes. Elle est pourtant si loin !

Robert Dolbec

- Donne ton opinion sur ce qui arrive à Geneviève.
- Explique comment fonctionne le courrier électronique.

• Dis ce que tu vois sur l'illustration.

L'ordinateur

Lecteur de CD-ROM
Le CD-ROM (ou cédérom) contient un logiciel, c'est-à-dire des images, des jeux, des renseignements.

Écran
On l'appelle aussi *moniteur*.

Imprimante
Elle peut imprimer en noir et blanc ou en couleur.

Souris
Elle sert à diriger le pointeur sur l'écran.

Lecteur de disquette
La disquette sert à lire ou à enregistrer des renseignements.

Clavier
Le clavier comporte de nombreuses touches. Il y a des lettres, des chiffres et d'autres touches qui donnent des commandes à l'ordinateur.

• Explique ce que tu as appris sur l'ordinateur.

1. **Lis le courrier électronique qui suit. Réponds aux questions en donnant le numéro de la ligne où apparaît l'information.**

Courrier électronique

1 Exp. : Germaine Ménard
2 Date : 28 janvier 2001, 8:30
3 Dest. : glemaire@ordi.qc.ca
4 Objet : Bon anniversaire !

5 Chère Magalie,
6 Bon anniversaire ! Je te souhaite beaucoup de plaisir aujourd'hui.
7 Je t'envoie deux bisous et trois caresses. Je pense à toi.

8 Grand-maman Germaine

Sur quelle ligne apparaît :

a) la date de la lettre ?
b) l'adresse électronique ?
c) le nom de la personne qui a écrit la lettre ?
d) le nom de la personne à qui est adressée cette lettre ?
e) le message de la grand-maman ?
f) le sujet du message ?

À quand la lecture autonome ?

Votre enfant ne deviendra pas un lecteur ou une lectrice autonome du jour au lendemain. Cet apprentissage se fait progressivement. Apportez-lui votre aide en l'incitant à réfléchir avant la lecture et en lui posant des questions telles que : « Quel est le sujet de ce texte ? Qu'est-ce qui te permet de dire cela ? » Laissez votre enfant faire la lecture des groupes de mots ou des phrases qu'il lui est possible de lire sans aide. Vérifiez enfin sa compréhension du texte à l'aide de questions telles que : « Que penses-tu de ce texte ? Qu'as-tu appris ? »

2. **Lis les phrases suivantes.**

a) Trouve les mots qui contiennent la lettre g.

b) Nomme la carte Oreillimot à laquelle ils s'associent.

En explorant ce logiciel, j'ai vu des choses étonnantes !

a) Un girafeau pleure à gros sanglots.

b) Un ogre glisse sur un glacier sans s'agripper.

c) Une guêpe déguste son goûter dans le grenier.

d) Un singe jongle avec des grappes de raisin dans les gradins.

e) Des gamins font des grimaces sur un brise-glace.

f) Un guépard intelligent trace des triangles et des rectangles.

- Explique ce que tu as appris et aimé dans cette excursion.
- Explique comment cette excursion t'est utile pour réaliser ton projet.

• Observe le titre et les illustrations.
• Dis de quoi il est question dans ce texte.

Lis le texte pour découvrir ce qui arrive à Frédéric et à Stéphanie. Imagine la suite. Ça te permettra de donner ton opinion sur une situation de la vie d'une famille.

Drôles de bruits...

« Défense d'entrer dans la chambre des parents ! » L'écriteau est en carton épais. Il est épinglé sur la porte par une grosse punaise jaune. Frédéric et Stéphanie n'ont jamais vu cet écriteau auparavant.

– Qu'est-ce que ça veut dire ? demande le garçon.

Stéphanie hausse les épaules. Elle ne sait pas.

Les enfants s'approchent de la porte. Ils ne font pas de bruit. Ils se dandinent sur un pied, puis sur l'autre. Ils tendent l'oreille. Ils n'entendent pas un son.

– Je me demande ce qu'ils font, chuchote Stéphanie.

Les enfants ne bougent pas. Ils ne sourient pas. Tout à coup, ils entendent de drôles de bruits : des craquements bizarres, des chuchotements, des coups de marteau, le grincement d'une scie.

– C'est étrange, non ? s'étonne Frédéric.

Maintenant, ils entendent des bruits de chaînes qu'on traîne sur le plancher. Cette fois, les enfants sont inquiets. Vraiment très inquiets…

(à suivre)

Carmen Marois

- Dis comment tu réagirais si tu étais à la place de Frédéric et Stéphanie.
- Imagine la suite de cette histoire avec des camarades et communiquez-la oralement à la classe.

10•2

1. Dis si ces bruits sont agréables, moyennement agréables ou désagréables.

Tu entends... la sirène d'un camion de pompiers.
le chant d'un oiseau perché.
la dispute d'enfants fâchés.
le son de la cloche des écoliers.
les cris d'élèves enjoués.
les pas d'un groupe d'enfants dans l'escalier.
les pleurs d'un bébé nouveau-né.
le son d'une ambulance très pressée.
le sifflet d'un arbitre décidé.
les rires de ta parenté.
la musique d'un concert télévisé.
le tonnerre par un soir d'été.

2. Combien y a-t-il de mots avec le son **é** dans l'activité précédente?

3. Trouve le mot qui est entouré de **ne... pas** ou **n'... pas** dans chacun de ces messages.

Dans mon baluchon

Me voici chez Alizé !

téléphone é

tourner er

Frédéric **ne** bouge **pas**.

Le **verbe** est une sorte de mot qui peut être entouré de **ne... pas** ou de **n'... pas** dans une phrase.

✎ jaune, ne... pas, porte

- Raconte une situation inquiétante que tu as déjà vécue.

- Dis qui tu reconnais dans l'illustration.
- Rappelle-toi ce qui leur est arrivé.

Lis le texte pour découvrir la suite de l'histoire *Drôles de bruits...* Compare-la avec celle que vous aviez imaginée. Ça te permettra de donner ton opinion sur la fête de la Saint-Valentin.

10•3

Drôles de bruits... *(suite)*

Frédéric et Stéphanie sont debout devant l'écriteau. Le silence est revenu dans la chambre des parents. Soudain, la porte s'ouvre. Les enfants sursautent.

– Alors, on écoute aux portes, maintenant?

C'est Philippe, leur père. C'est lui qui a ouvert la porte. Pris en faute, le frère et la sœur ne bougent pas.

– Vous pouvez entrer maintenant! dit maman Sophie.

Frédéric et Stéphanie avancent avec prudence. Une grosse surprise les attend. Il y a des ballons partout. Des rouges, des bleus, des jaunes. Les enfants sont ravis. Ils éclatent de rire. Ils ne peuvent pas marcher sans faire voler les ballons.

Mais la vraie surprise est cachée dans un coin.

– Venez ! dit Sophie.

Les enfants ne voient pas très bien... Mais on dirait une niche rouge avec un toit vert !

Et dedans, ils aperçoivent le plus beau chien du monde. Son nom est inscrit au-dessus de la porte : TRÉSOR.

– Joyeuse Saint-Valentin ! s'écrient en chœur les parents.

Carmen Marois

- Explique ce qui est arrivé dans cette histoire. Utilise la fiche qu'on te remet.
- Explique comment se sentent les enfants à présent.

1. Lis ce poème avec des camarades. Discutez de ce que vous pourriez faire avec ce texte.

Petit poème pour ceux que j'aime

Il a plu des mots ce matin.
Ils sont tombés dans mon jardin.

Des mots très fous
Qui font la roue,
Des mots d'amour
Tout en velours,
Des mots très doux,
Des mots pour vous.

Et tout le jour, dans le secret,
Je vous en ferai des bouquets.

Monique Hion, *Comptines pour les fêtes et les saisons*, coll. Les Petits Bonheurs,
Arles, ©Actes Sud Junior, 1997, p. 31.

2. Lis le texte. Arrête-toi après avoir lu le mot souligné. Que peux-tu faire pour trouver le sens de ce mot ?

Mon chien est un chihuahua.
Il est <u>menu</u>.
Il est haut comme trois pommes.

Dans mon baluchon

STRATÉGIE

Si je ne comprends pas un mot, je m'arrête un court moment et je me demande ce que je peux faire pour le comprendre.

✎ frère, rouge, sœur

- Dis ce que représente la Saint-Valentin pour toi.
- Dis ce que tu as appris et aimé dans cette excursion.

- Trouve des personnes à qui tu pourrais envoyer des souhaits pour la Saint-Valentin.
- Pense à ce que tu aimerais dire à ces personnes.

Compose des souhaits afin de les envoyer à des personnes que tu aimes. Ça t'amènera à leur faire part de tes sentiments à l'occasion de la Saint-Valentin et à utiliser l'ordinateur.

Des souhaits pour la Saint-Valentin

1. Observe les suggestions suivantes.

2. Écris tes souhaits en faisant preuve d'originalité. Utilise la fiche qu'on te remet.

3. Relis tes souhaits. Vérifie-les à partir des questions suivantes.

- As-tu fait preuve d'originalité?
- As-tu respecté le code?

Comment aider mon enfant à écrire davantage?

Encouragez votre enfant à écrire le plus souvent possible. Demandez-lui, par exemple, de:

- *vous écrire des suggestions de menus pour la semaine;*
- *composer des commentaires à insérer dans un album de photos.*

- Écris tes souhaits à l'ordinateur et décore-les.
- Dis ce que tu as aimé faire dans cette situation d'écriture.

- Observe les illustrations et dis de quoi il est question dans ce texte.
- Lis les mots que tu reconnais d'un seul coup d'œil.

Lis pour apprendre une comptine. Récite-la ensuite avec d'autres élèves. Ça te permettra de vivre une expérience d'équipe.

10•4

Le loup et l'agneau

Domini, domino,
Vive les dominos !
Domini, domino,
Avec de drôles de mots.

La fleur mène à l'agneau,
L'agneau à la montagne.
La pluie mène au château,
Le château à l'Espagne.

Le loup va vers la vigne
Au bout du jardin.
Il surveille la ligne
Où va mordre un requin.

Soudain, le loup s'échappe
Et quitte le jardin.
En jouant de la harpe,
Il s'en va très, très loin.

Où est passé le loup ?
Il est à la montagne.
Agneau, prends garde au loup !
Fuis vite la montagne.

Michèle Marineau

- Dis ce qu'il y a d'étonnant dans cette comptine.
- Récite cette comptine avec des camarades.

1. Où pourrais-tu mettre les mots **ne... pas** ou **n'... pas** dans ces phrases ?
   a) Nomme les chiffres appropriés.
   b) Nomme le verbe de chacune des phrases.

Une course amicale

a) Agnès ① organise ② une course ③ pour ses compagnes.

b) D'abord, ① elle ② désigne ③ une ligne de départ.

c) ① Ensuite, elle ② trace ③ une ligne d'arrivée.

d) Elle ① trouve ② un ruban pour la ③ gagnante.

e) Enfin, ① elle ② renseigne ③ toutes ses amies.

Attention au signal. C'est parti !

arrivée

départ

2. Quels mots présentent le son **gn** dans les phrases de l'activité précédente ?

Dans mon baluchon

agneau

gn

gn	gna	–	bai**gna**de
	gne	–	bei**gne**
	gni	–	ma**gni**fique
	gno	–	mi**gno**nne
	gnon	–	mi**gnon**

✎ avec, très

J'adore les beignes au miel !

• Explique ce que tu as préféré dans ce thème.

Ça se ressemble

- Lis le titre et observe les illustrations. Explique à quoi cela te fait penser.
- Dis de quel type de texte il s'agit.

11•1

Lis le texte pour découvrir ce qui arrive aux trois petits loups. Compare ensuite cette histoire avec celle des trois petits cochons. Ça te permettra de mieux te familiariser avec l'univers des contes classiques.

Les trois petits loups

Il était une fois trois petits loups qui aimaient écrire. Pour écrire, il faut aimer les livres. Il faut aussi de la tranquillité. C'est pourquoi ils décident de se construire chacun une bibliothèque.

Le premier la bâtit en paille. Il s'installe aussitôt. Très inspiré, il écrit : « Il était une fois... » Un chasseur entre alors en coup de vent. Il s'empare du loup et en fait son chien.

Le deuxième petit loup construit sa bibliothèque en bois. Il écrit : « Il était une fois une charmante princesse… » Le chasseur pénètre alors en coup de vent. Il s'empare du deuxième loup et en fait un chien savant.

Le troisième petit loup construit sa bibliothèque en pierre. Le chasseur ne peut y pénétrer. Le loup termine son histoire et devient écrivain.

Carmen Marois

- Raconte ce qui arrive à chacun des petits loups.
- Fais part des différences et des ressemblances entre ce conte et celui intitulé *Les trois petits cochons*. Utilise la fiche qu'on te remet.

1. Lis les phrases.

a) Repère les mots qui présentent le son **è**.

b) Associe chaque phrase à l'un des contes classiques suivants.

a) Boucle d'Or se promène dans la forêt.

b) Les trois frères se bâtissent une maisonnette.

c) La petite fille essaie les trois chaises et les trois lits.

d) Le loup connaît bien les petits cochons.

e) Le troisième petit cochon paraît satisfait de sa maison blanche.

f) Boucle d'Or souhaite se reposer un peu.

g) La famille Ours réveille Boucle d'Or. Inquiète, elle se sauve.

h) Les frères font la fête. Le loup a arrêté de les embêter.

- Trouve un autre conte dans lequel il y a des animaux et communique oralement cette histoire à la classe.
- Dis ce que tu as appris et aimé dans cette excursion.

- De quoi sont faits certains objets qui t'entourent?
- Comment arrives-tu à classer des emballages qui se recyclent?

En quoi est-ce fait?

1. **Dis dans quel bac de récupération tu déposerais les objets suivants.**

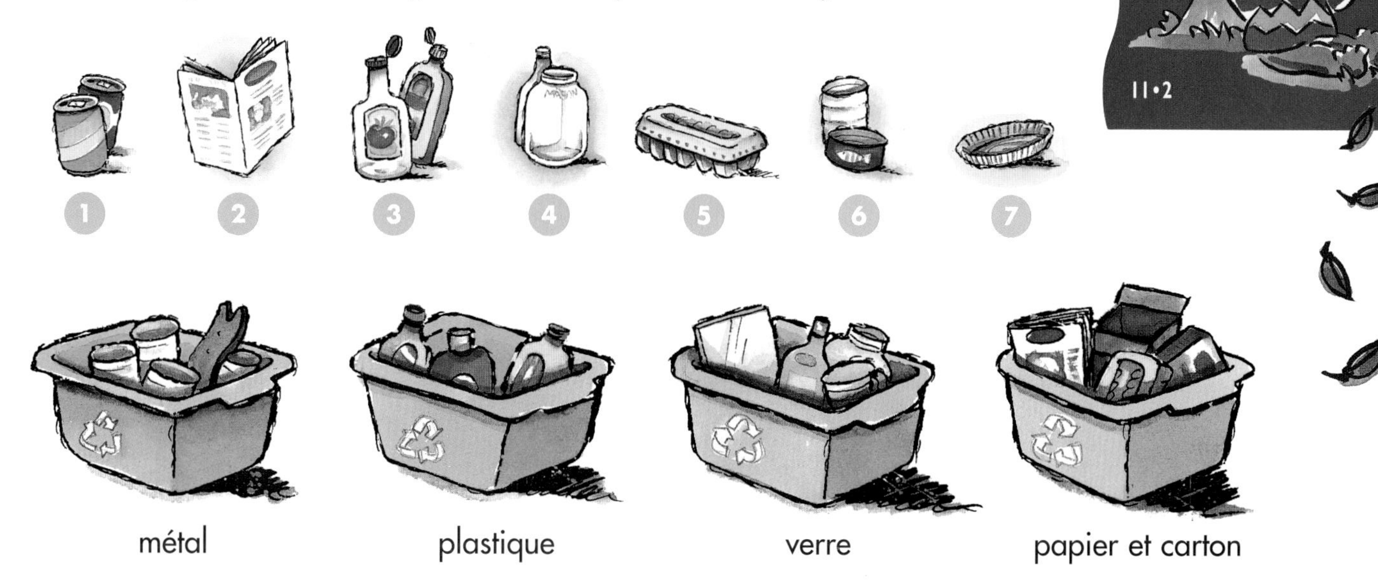

2. **Quels objets du numéro 1 ont été fabriqués avec des plantes ou des arbres? avec des matières qu'on trouve dans le sol?**

3. **Observe les objets autour de toi et palpe-les. Classe-les ensuite comme dans l'exemple suivant. Utilise la fiche qu'on te remet.**

Origine : sol				
métal	pierre	verre	plastique	porcelaine et argile

Origine : plantes et arbres		
papier	carton	bois

- Qu'as-tu appris sur les matériaux dont sont faits les objets?

- Observe ce texte et explique de quoi il est question.
- Note, sur la fiche qu'on te remet, ce que tu sais sur les boutons.

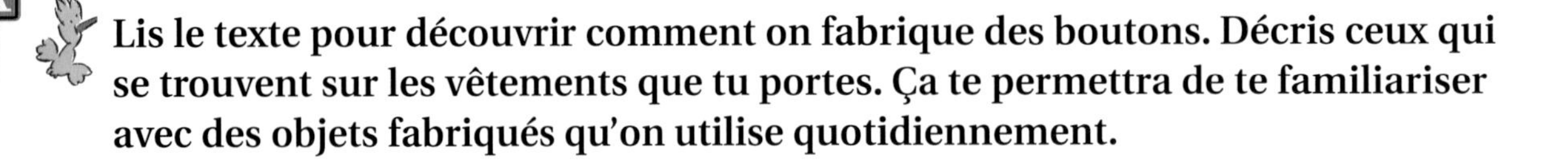

Lis le texte pour découvrir comment on fabrique des boutons. Décris ceux qui se trouvent sur les vêtements que tu portes. Ça te permettra de te familiariser avec des objets fabriqués qu'on utilise quotidiennement.

Comment sont faits les boutons ?

Il y a des boutons qui viennent du métal.

On glisse une feuille de métal entre deux gros moules.

En se refermant bien fort, les moules découpent les boutons.

Il y a des boutons qui viennent des coquillages.

On coupe des pastilles dans la nacre des coquillages.

On les arrondit à la meule. Enfin, on perce des petits trous.

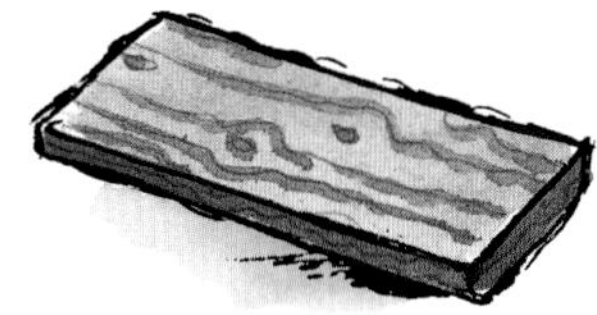

Il y a des boutons qui viennent du bois.

On découpe des rondelles dans des planches de bois.

On perce ensuite les trous des boutons.

Il y a des boutons qui viennent du plastique.

On coule du plastique très chaud dans un moule spécial.

Le moule s'ouvre, le bouton est prêt.

Yvonne Belaunde et Frédérique Bertrand, « D'où ça vient les boutons ? » © *Pomme d'Api*, Québec, nº 56, mars 1997, p. 29.

- Note ce que tu as appris sur ta fiche.
- Explique les principales ressemblances et différences entre ces types de boutons.

1. Trouve le bouton qui correspond à cette description. Nomme son numéro.

Je suis un bouton ni carré ni rond.

Je suis de la couleur d'un citron.

Par des trous, on me fixera à du coton.

2. Quelle ressemblance y a-t-il entre les mots entourés dans le texte ci-dessus ?

Comment mémoriser les mots d'orthographe ?

Voici des jeux à faire avec votre enfant pour l'aider à mémoriser les mots d'orthographe :

- *lui faire lire ces mots, puis les cacher et les lui faire écrire de mémoire. Attirer son attention sur les mots oubliés ou sur ceux dont l'orthographe est incorrecte.*
- *l'inviter à vous donner les mots d'orthographe en dictée et à vous corriger.*

Dans mon baluchon

Les boutons sont dans une boîte.

Devant les **noms communs**, on peut mettre : l', le, la, les, un, une, des...

avoir,
comment,
il y a,
on,
petit, petite

- Dis ce que tu penses de tes progrès en lecture.

- Décris ce que tu vois dans ce texte.
- Dis comment tu fais pour reconnaître les mots.
- Explique ce que tu devras faire avec ce texte.

Lis le texte pour associer les auteurs de ces petites annonces aux textes qu'ils ont écrits. Ça te permettra de réfléchir à l'utilité de ce média.

II•3

Perdu – retrouvé

Françoise Lavoie

Éloïse Marois

Ambroise de Foy

Éloi Roy

Suzanne Blain

- Dis qui sont les auteurs de ces notes et explique comment tu les as trouvés.
- Dis ce que tu fais pour éviter de perdre les objets qui t'appartiennent.

1. **Complète le poème à l'aide des mots qui suivent. Dis le chiffre qui convient.**

1 loi — 2 toits — 3 fois — 4 doigt — 5 roi

Au pays du « oi »

Il était une a)...
un roi qui marchait sur les b)....
« Je suis le roi, moi »,
criait-il,
« je suis le c)... !
C'est moi qui fais la d)... !
Et j'ai tous les droits,
même celui de marcher sur les toits ! »
Et tout le monde le montrait du e)....

Jo Hoestlandt, *Le moulin à paroles*, Paris, L'école des loisirs, 1983, p. 45.

Dans mon baluchon

roi
oi

✎ chose, deux, histoire, noir, noire, paire, trois

b	**boi** – **boi**re	**d**	**doi** – macé**doi**ne
l	**loi** – **loi**	**m**	**moi** – **moi**
n	**noi** – **noi**re	**p**	**poi** – **poi**re
r	**roi** – **roi**	**s**	**soi** – **soi**rée
t	**toi** – é**toi**le	**v**	**voi** – **voi**le

- Nomme des endroits où tu peux lire des petites annonces.
- Dis ce que tu as trouvé le plus utile dans cette excursion.

- Visite le coin des « objets trouvés » de ton école.
- Nomme quelques objets et décris-les.

Rédige une petite annonce pour découvrir le ou la propriétaire d'un objet trouvé dans l'école. Ça te permettra d'expérimenter ce média.

11•3

Des objets trouvés

1. Observe le modèle qui suit.

2. Rédige ton annonce à l'aide du modèle ci-dessus. Utilise la fiche qu'on te remet.

3. Relis ton texte. Vérifie-le à partir des questions suivantes.

- As-tu décrit l'objet trouvé ?
- As-tu respecté le code ?

Dans mon baluchon

Une petite annonce est un très court texte qu'on écrit pour demander ou offrir quelque chose.

- Écris ton annonce au propre et illustre-la.
- Dis ce que tu penses de tes progrès en écriture.

- Dis de quel type de texte il s'agit.
- Dis ce que tu sais sur le Japon et le Guatemala, et sur les gens qui y vivent.

Lis le texte pour découvrir des objets utiles à deux familles d'ailleurs. Ensuite, compare-les avec les objets utilisés par ta famille. Ça te permettra de connaître d'autres façons de vivre.

Familles du monde

Au Japon, la famille Ukita

Sur cet ordinateur, les deux filles font des jeux vidéo après l'école.

Cet animal en papier mâché a été fabriqué à l'école. C'est une tradition japonaise.

Cette table est utilisée par la famille Ukita pour les repas. Assis sur les talons, Miyo et ses parents mangent du riz avec des baguettes.

Au Guatemala, la famille Calabay Sicay

Pour la mère de Mario, cette peinture religieuse est l'objet le plus précieux.

Sur le grand métier à tisser, le père de Mario fabrique des couvertures et des objets d'artisanat. Sur le petit métier, sa mère tisse des sacs et des bracelets.

Cette radiocassette est un objet de grande valeur pour le père de Mario. Son plus grand plaisir, c'est d'écouter de la musique.

Françoise Récamier, *Images DOC*, nº 82, octobre 1995, © Bayard Presse, p. 45 et 48.

- Fais part de ce que tu as appris sur la vie au Japon et au Guatemala.
- Trouve les ressemblances et les différences entre les objets utilisés au Japon, au Guatemala et ici. Note-les sur la fiche qu'on te remet.

- Quels objets utilisait-on dans les familles autrefois ?
- Quels objets y avait-il dans les maisons de tes parents ou grands-parents ?

Ici et autrefois

Dans les années 1950, la plupart des familles utilisaient des objets semblables à ceux-ci. Ces objets leur permettaient de communiquer plus facilement entre elles, de mieux s'approvisionner et de varier leurs divertissements.

Un grand nombre de ces objets fonctionnaient à l'électricité.

1

2

3

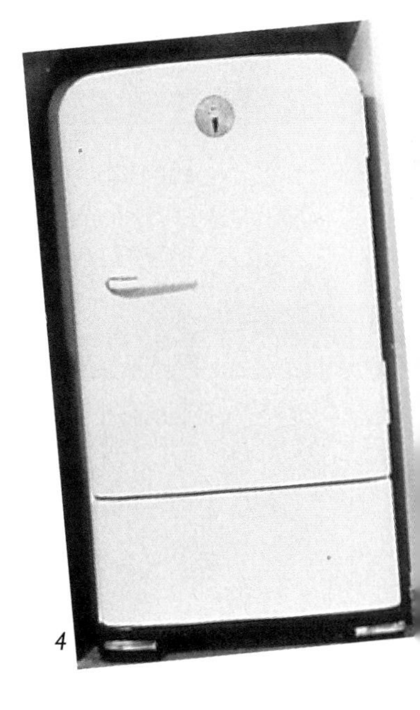
4

5

6

- Qu'as-tu appris sur le sujet ?

1. **Lis le témoignage de l'enfant de la famille Calabay. Explique ensuite en quoi les mots entourés sont semblables.**

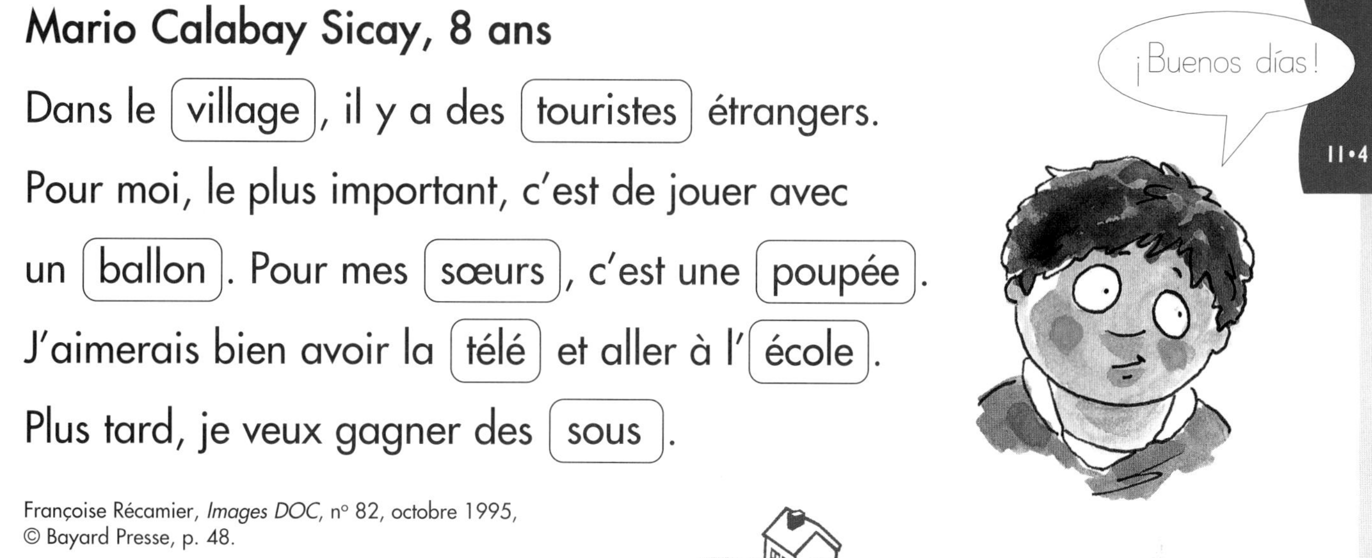

Mario Calabay Sicay, 8 ans

Dans le village, il y a des touristes étrangers.
Pour moi, le plus important, c'est de jouer avec un ballon. Pour mes sœurs, c'est une poupée.
J'aimerais bien avoir la télé et aller à l'école.
Plus tard, je veux gagner des sous.

Françoise Récamier, *Images DOC*, nº 82, octobre 1995, © Bayard Presse, p. 48.

2. **Nomme les mots qui précèdent ceux qui sont entourés dans le texte ci-dessus.**

Comment aider mon enfant à s'ouvrir sur le monde ?

Consultez avec votre enfant un globe terrestre, des cartes du monde ou encore des sites Internet, en lui rappelant les pays étrangers nommés dans vos discussions ou à la télévision. Proposez-lui de vous aider à situer ces pays et discutez des moyens d'en savoir davantage sur ces lieux.

Dans mon baluchon

Le repas est sur **une** table.
Un repas est sur **la** table.

Les **déterminants l', le, la, les, un, une, des** précèdent les noms communs dans la phrase.

grand, grande, musique, plus

- Choisis trois objets qui sont appréciés par les membres de ta famille et qui représentent bien votre façon de vivre.
- Dis ce que tu as appris et aimé dans ce thème.

C'est utile

Ton projet

Présente un métier exercé dans ton milieu

Quel métier ou quelle profession voudrais-tu présenter ? Comment pourrais-tu faire ta présentation ? Sers-toi du texte suivant pour t'aider !

- Comment se nomme ce métier ou cette profession ? Comment appelle-t-on les gens qui occupent cet emploi ?
- Quels objets ou outils utilisent-ils ? Quels vêtements portent-ils pour faire leur travail ?
- À quoi sert ce travail ? à créer des choses ? à soigner des gens ? à fournir des produits ?

Présente ta production et évalue-la avec ta classe.

- Lis le titre et les intertitres, et observe les photos. Dis de quel type de texte il s'agit.
- Note, sur la fiche qu'on te remet, ce que tu sais sur le travail des éboueurs.

Lis le texte pour découvrir le travail des éboueurs. Ensuite, dis ce que tu as appris à ce sujet. Ça te permettra de comprendre un métier exercé dans ton milieu.

Un travail indispensable

À toute heure du jour et de la nuit, des hommes et des femmes sillonnent les rues pour faire la collecte des ordures. Ce sont les éboueurs.

Leur travail

Les éboueurs sautent d'un camion, soulèvent des contenants de toutes sortes, les vident ou les lancent dans la benne, puis remontent sur le marchepied. Ils répètent ces gestes des centaines de fois, été comme hiver.

Chaque éboueur ou éboueuse soulève environ seize tonnes de déchets par jour. Seize tonnes, cela équivaut au poids de trois éléphants ! Ils parcourent plus de dix kilomètres à pied en une journée.

12•1

Leurs difficultés

Lorsqu'il pleut, les sacs à ordures sont plus lourds et les boîtes de carton se défont. Parfois, les sacs sont percés et les ordures ont été répandues sur le sol par des animaux. Il faut un bon sens de l'observation pour ne pas se blesser.

Les éboueurs sont vraiment indispensables. Sans eux, les ordures s'accumuleraient dans les rues. Quelle pollution nous aurions !

Christine Chaîné

- Discute avec ta classe de ce qui t'étonne dans ce texte.
- Note sur ta fiche ce que tu sais maintenant sur les éboueurs.

1. **Lis les phrases suivantes et trouve de quel métier il s'agit.**

1	2	3	4
Les architectes	Les policiers	Les bibliothécaires	Les ouvriers

a) Ces personnes donnent des renseignements sur les livres, les cédéroms et Internet.

b) Ces personnes travaillent dans des usines, sur des machines. Certaines les réparent et les nettoient. D'autres contrôlent le travail de ces machines.

c) Ces personnes portent secours aux gens. Elles assurent la sécurité de tout le monde.

d) Ces personnes élaborent les modèles des nouvelles constructions. Elles font les plans de ces modèles.

2. **Y a-t-il des métiers de l'activité 1 qui sont exercés dans ton milieu ? Lesquels ?**

Dans mon baluchon

STRATÉGIE

Avant de lire un texte, je dis ce que je connais sur le sujet.

✎ dix, par

- Dis ce que tu peux faire pour qu'il y ait moins de pollution.
- Dis ce que tu penses de tes progrès en lecture.

- Dis de quel type de texte il s'agit.
- Explique ce que font les personnages.

Lis cette comptine pour découvrir ce que font les personnages avec des boîtes. Ensuite, dis ce que tu penses de la réutilisation de ces boîtes. Ça te permettra de réfléchir à des façons de protéger l'environnement.

12•2

Les boîtes

Marion récupère une boîte en carton,
Dans laquelle elle découpe un avion.
Du haut de son balcon,
Elle le regarde planer jusqu'aux platanes.

Yvon prend la boîte de la télévision
Et la transforme en maison.
Il l'installe au grenier, tout au fond.
À l'abri du soleil et de ses rayons,
Il devient tour à tour Tarzan et Robinson.

Bernard, par pur hasard,
Découvre une boîte à cigares
Oubliée au fond d'un placard.
Aussitôt, il s'en empare.
Il y range tous ses crayons,
Sans oublier d'y ajouter ses boutons.

Arthur a trois boîtes à chaussures.
Une trouvaille, c'est sûr !
Dans une boîte, il met toutes ses photos,
Dans l'autre, ses petites autos.
Dans la dernière, il range sa collection
de papillons.

Carmen Marois

- Note la façon de réutiliser ces boîtes sur la fiche qu'on te remet.
- Dis quelle boîte est réutilisée de la façon la plus ingénieuse.

1. **Savais-tu que le carton provient des arbres ? Savais-tu aussi qu'on peut faire toutes sortes de choses avec des arbres ? Lis le texte pour en savoir plus sur l'érable.**

L'érable

À la fin de l'hiver, on récupère la sève de l'érable. C'est l'eau d'érable. Elle coule dans des tubulures jusqu'à une cabane à sucre. Là, on fait bouillir la sève. Elle devient du sirop, de la tire, du sucre mou, du sucre dur ou du beurre d'érable.

2. **Dis si chaque phrase est vraie ou fausse.**

a) La sève du sapin coule dans des tubulures.

b) On récupère la sève de l'érable en été.

c) On transforme l'eau d'érable en beurre d'érable.

3. **Trouve dans le texte *L'érable* au moins un verbe, un nom commun et un déterminant. Explique comment tu les as trouvés.**

4. **Tous ces mots présentent le son ll. Exerce-toi à les lire.**
Dans chaque groupe de mots, trouve celui qui ne porte pas sur le même sujet que les deux autres.

a) une cheville — une oreille — une famille

b) une chenille — un tourbillon — un papillon

c) un babillard — une quille — une bille

d) une grille — une fille — un vieillard

e) un oisillon — un caillou — une anguille

Comment aider mon enfant à lire des livrets ?

Encouragez votre enfant à prendre une place de plus en plus grande lorsque vous lisez ensemble des livrets. Avant la lecture, suscitez son intérêt à l'aide de questions : « De quoi va-t-on parler dans ce livret ? Que va-t-il arriver aux personnages ? » Soutenez votre enfant pendant sa lecture en lui lisant les mots difficiles ou en faisant des renvois aux illustrations et au sens du texte. Terminez la lecture du livret si elle lui semble ardue. À la fin de la lecture, discutez ensemble : « Que penses-tu de cette histoire ? Aurais-tu réagi comme le personnage X ? »

Dans mon baluchon

✎ boîte, crayon, maison

- Explique pourquoi il est si important pour l'environnement de réutiliser des objets.
- Dis quels objets tu réutilises pour protéger l'environnement.

- Observe le titre et les illustrations, et dis de quoi il est question dans cette bande dessinée.
- Dis comment tu dois lire ce texte.

Lis le texte pour découvrir ce qui arrive à ces fillettes. Explique ensuite comment tu réagirais en pareille situation. Ça te permettra de réfléchir à tes relations avec les autres.

12•3

Julie et Winny

Julie aime beaucoup jouer dans la neige. Quand elle fait un bonhomme de neige, elle le décore avec toutes sortes d'objets. Elle prend son temps.

Winny veut démolir mon bonhomme. J'ai le goût de me mettre en colère. Est-ce normal d'être en colère ?

Réponse : Oui, car personne n'aime être provoqué.

Winny veut faire une bataille d'enfer !

Marie-Christine Lussier

- Résume le texte dans tes mots.
- Dis comment tu aurais réagi à la place de Julie.

1. **Voici quelques conseils pour t'aider à réagir face à une personne semblable à Winny. Indique dans quel ordre tu aimerais suivre ces conseils.**

a) Sois gentil ou gentille avec cette personne. C'est difficile d'être méchant avec une personne gentille.

b) Ne fais pas attention à elle. Ne lui réponds pas.

c) Demande-lui de te laisser tranquille. Dis-lui : « Je ne veux pas qu'on me dérange. »

d) Parles-en à un ou à une adulte. Demande-lui de t'aider.

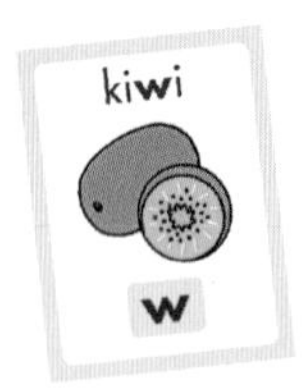

Winny va à Québec samedi.

Un nom propre commence par une lettre majuscule. Il désigne le nom d'une **personne**, d'un animal ou d'un lieu.

moi, oui, peu, toi

w	**wa** – **wa**piti **wi** – ki**wi**

- Pense à une situation où une personne a essayé de t'intimider et communique-la oralement à la classe.
- Explique ce que tu as aimé dans ce thème.

• Rappelle-toi les conseils à suivre si une personne te provoque.

Invente le contenu des bulles d'une bande dessinée présentant un conflit entre deux amis. Ça te permettra de réfléchir à des façons de résoudre des conflits.

12•3

C'est assez !

1. Observe le modèle suivant.

2. Rédige le texte des bulles sur la fiche qu'on te remet.

3. Relis ton texte. Vérifie-le à partir des questions suivantes.

- As-tu tenté de résoudre le conflit entre les amis ?
- As-tu respecté le code ?

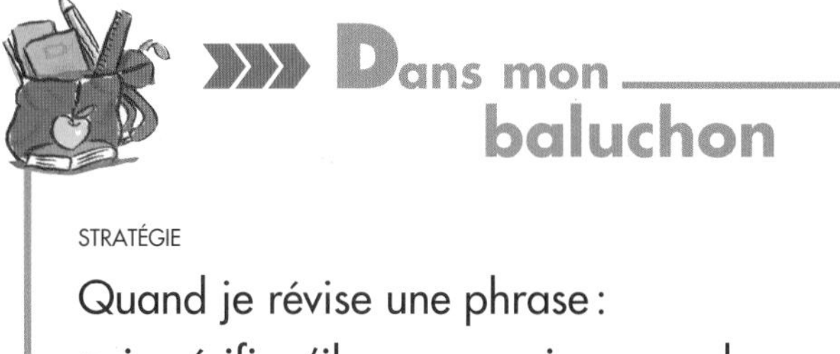

STRATÉGIE

Quand je révise une phrase :

- je vérifie s'il y a au moins un verbe ;
- je vérifie s'il y a une majuscule au début de la phrase et un point à la fin.

• Explique ce que tu penses de tes progrès en écriture.

Ça revient aussi

- Survole ce texte.
- Explique ce qui arrive aux personnages.

13•1

Lis ce texte pour découvrir ce qui arrive aux personnages et pour dire ce que tu en penses. Ça te donnera l'occasion d'exprimer ton opinion et de discuter avec tes camarades.

Les bons œufs

C'est le matin. Zénith vole à la rencontre de ses amis. Il a une bonne nouvelle à leur annoncer.

– Mon amie a pondu ses œufs !
– Bravo ! Est-ce qu'on peut les voir ? demande Azur.
– Oui, mais pas Zéphyr !

Zéphyr est surpris. Il aimerait bien voir les œufs...

– Tu es trop gourmand, dit Zénith. J'ai peur que tu manges les œufs.

Zéphyr rassure son ami. Il ne les mangera pas.

– Tu le promets ? demande Zénith.
– Oui, promis !
– Alors, dépêchons-nous, s'écrient Alizé et Azimut.

Les amis partent. Ils avancent lentement. Il y a de la bruine. Zénith, lui, survole les nuages. Il arrive bien avant les autres. Enfin, ils sont tous au nid. Zénith couve les œufs.

– Attention ! dit-il. J'entends un bruit. Il y en a un qui va sortir de sa coquille !

Zéphyr se soulève et les amis voient les œufs... en chocolat !

– Ah ! je vous ai bien eus, dit Zénith.

Les amis rient.

– Est-ce que je peux en manger un ? demande Zéphyr. Juste un, c'est promis !
– Mais oui, dit Zénith. Joyeuses Pâques à tous !

Serge Bureau

- Dis ce que tu penses de cette histoire.
- Note ce que tu comprends de ce texte sur la fiche qu'on te remet.

- Qu'est-ce que la bruine?
- Quelle différence y a-t-il entre l'eau et la glace?

Est-ce de l'eau?

1. En quoi ces photos se ressemblent-elles? En quoi sont-elles différentes?

1 neige *2* glace *3* verglas *4* givre

5 nuage *6* pluie *7* vapeur d'eau *8* eau

2. Que faire...

a) ...pour qu'un liquide devienne solide?

b) ...pour qu'un solide devienne liquide?

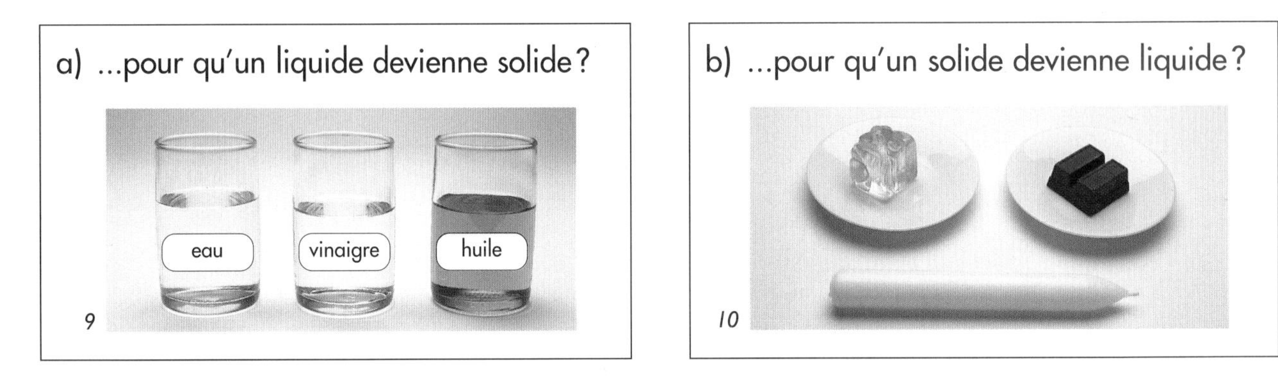

9 *10*

3. Classe les liquides et les solides comme dans l'exemple qui suit. Utilise la fiche qu'on te remet.

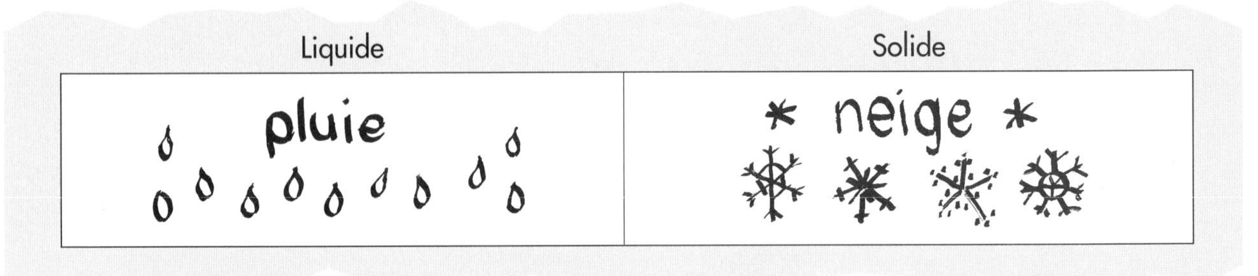

Liquide	Solide
pluie	neige

- Qu'as-tu découvert sur l'eau? sur la glace?

»»

1. **Lis bien les phrases suivantes et surtout les mots en caractère gras. Lequel de ces mots est un nom commun ? Dis le nombre approprié et explique ta réponse.**

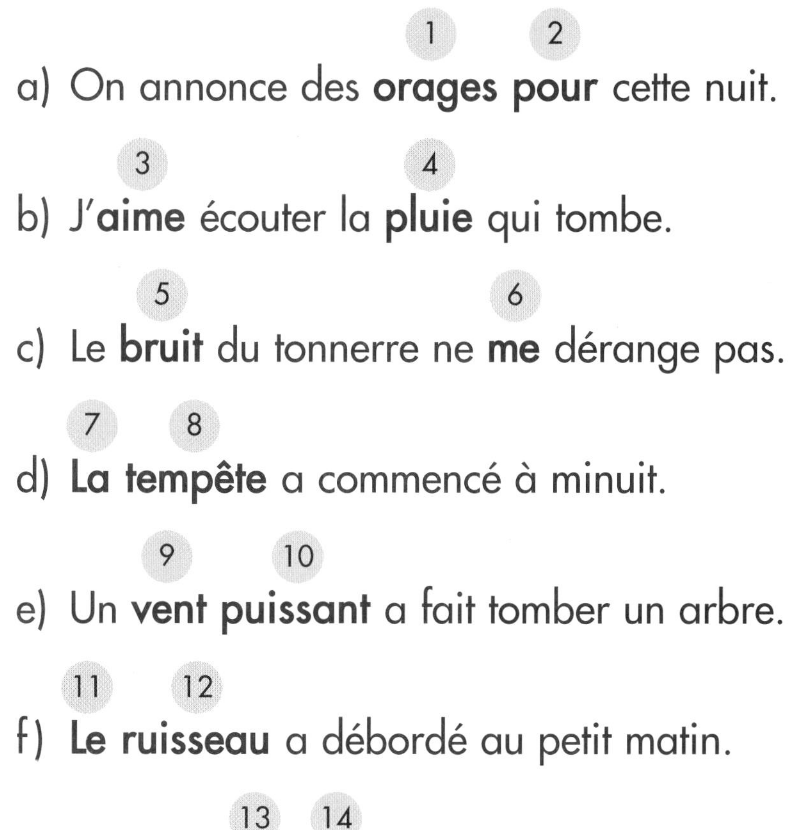

a) On annonce des **orages**(1) **pour**(2) cette nuit.

b) J'**aime**(3) écouter la **pluie**(4) qui tombe.

c) Le **bruit**(5) du tonnerre ne **me**(6) dérange pas.

d) **La**(7) **tempête**(8) a commencé à minuit.

e) Un **vent**(9) **puissant**(10) a fait tomber un arbre.

f) **Le**(11) **ruisseau**(12) a débordé au petit matin.

g) Puis, le **soleil**(13) **est**(14) revenu.

2. **Dans chaque phrase, quel mot présente le son ui ?**

»» Dans mon baluchon

c cui – **cui**sine	**d** dui – con**dui**re	**f** fui – **fui**te
j jui – **jui**ve	**l** lui – **lui**	**n** nui – **nui**re
p pui – é**pui**sé	**r** rui – **rui**ne	**s** sui – **sui**te
t tui – é**tui**		

✎ alors, mais

- Explique ce que tu as appris et aimé dans cette excursion.

13•2

- Dis ce que tu sais de ce genre de texte.
- Observe et décris le tableau.

Lis pour apprendre une chanson sur le printemps et pour exprimer les beautés de cette saison à l'aide d'un collage. Ça t'aidera à explorer ton environnement en ce temps de l'année.

Chantons le printemps

Printemps, été, automne, hiver
Les jours, les nuits s'en vont, s'en viennent
Printemps, été, automne, hiver
Les saisons passent et puis reviennent

1

Les ruisseaux chantent, le froid s'enfuit
Adieu les tuques et les mitaines
La sève coule, la tire durcit
Bonjour printemps dans ma bedaine

2

Les bourgeons pointent, le soleil luit
Adieu les bottes et les bas d'laine
Les oiseaux chantent, la terre sourit
Bonjour printemps, finies les peines

Michèle Marineau

La promenade, Jacqueline Rivard, 1999

- Explique ce que tu vas faire pour apprendre cette chanson.
- Nomme les mots de cette chanson qui te font penser au printemps.

- Observe ces photos et communique oralement ce qu'elles t'apprennent sur le printemps : les activités des gens, les animaux, les plantes, les arbres et le temps qu'il fait.

Images de printemps

- Qu'as-tu appris de nouveau sur le printemps ?
- Qu'est-ce qui revient chaque printemps ?

1. Voici les objets qu'Azimut, Alizé et leurs amis ont rassemblés pour faire leur collage du printemps. Quels objets ont-ils en un seul exemplaire ? en plusieurs exemplaires ? Comment le sais-tu ?

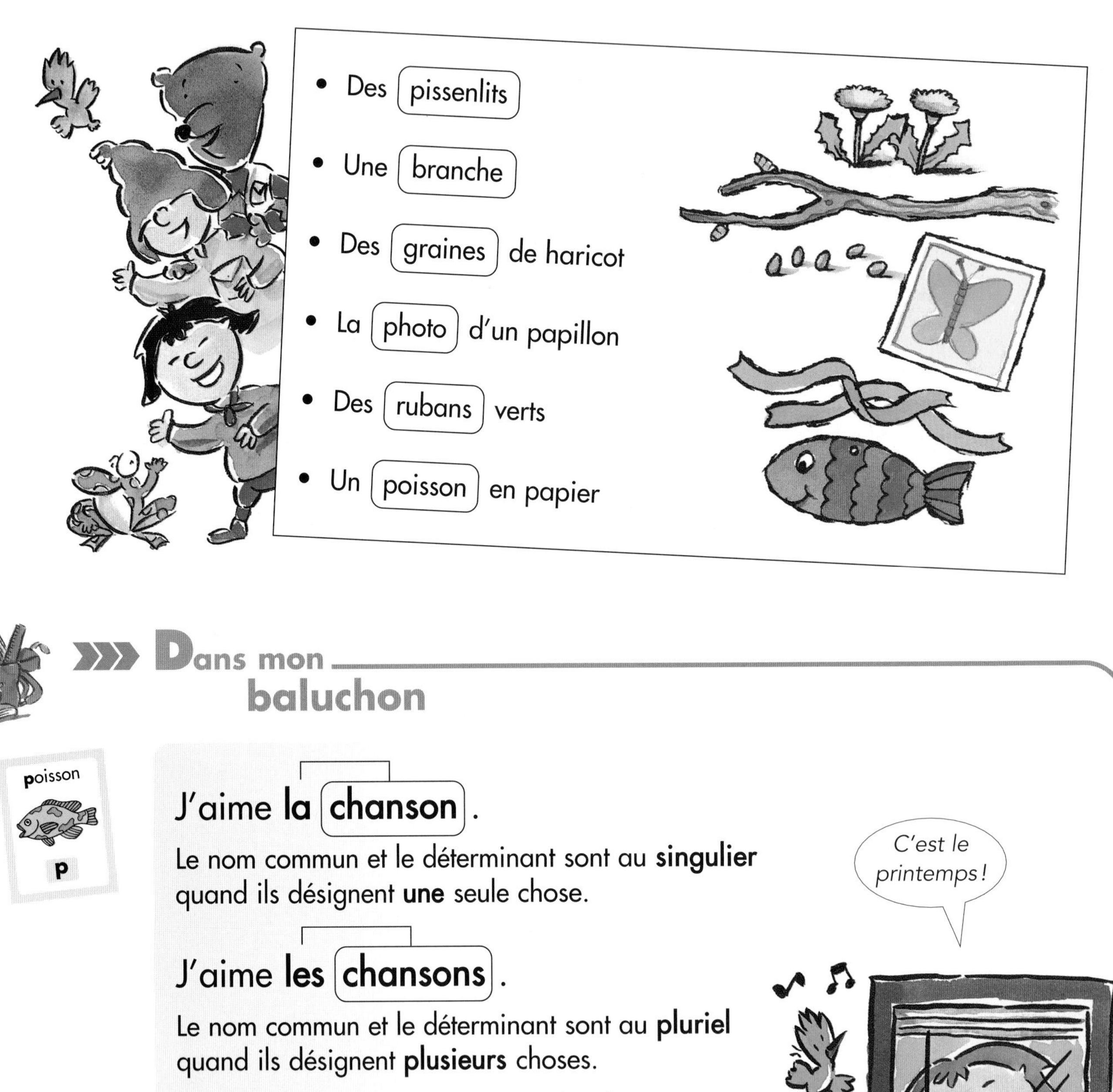

Dans mon baluchon

poisson
p

J'aime la chanson.

Le nom commun et le déterminant sont au **singulier** quand ils désignent **une** seule chose.

J'aime les chansons.

Le nom commun et le déterminant sont au **pluriel** quand ils désignent **plusieurs** choses.

En général, les noms communs et les déterminants au **pluriel** s'écrivent avec un **s** à la fin.

C'est le printemps !

✎ été, jour, nuit, puis, terre

- Explique ce que tu as appris et aimé dans cette excursion.
- Dis ce que tu penses de ton collage sur le printemps.

- Survole le texte et précise ce que tu y vois.
- Dis ce que tu dois faire avec ce genre de texte.

Lis le texte pour découvrir comment faire ce jeu. Ensuite, associe-toi à un ou à une élève et fabrique-le. Ça te permettra de vivre une expérience d'équipe.

Hop ! les coqs

La fabrication du jeu

1. Colle des boîtes d'œufs ensemble.
2. Colorie ou peins les creux en utilisant quatre couleurs, comme sur la photo.
3. Découpe quatre figures. Colle-les sur des pailles. Fixe les pailles sur les « chapeaux » de la boîte.
4. Fabrique cinq coqs avec des bouchons de liège. Colle les crêtes et les becs. Dessine les yeux.
5. Fais une boulette avec une feuille de papier d'aluminium.

Les règles du jeu

- Dépose ton jeu sur une table.
- Place-toi à un mètre de ta boîte.
- Lance ta boulette en visant un creux.
- Place un coq dans ce creux si tu as réussi. Le drapeau de cette section t'indique le nombre de points obtenus.
- Additionne les points obtenus par tes cinq coqs. Essaie de battre ton record !

- Explique quelles difficultés tu as eues à surmonter lors de la fabrication de ton jeu.
- Joue à ce jeu avec des camarades et dis ce que tu en penses.
- Dis en quoi le travail en équipe t'a rendu la tâche plus facile.

- Quels étaient les jeux autrefois ?
- Comment sont les jeux ailleurs ?

Ici et ailleurs

2

Autrefois, ici...

On a longtemps fabriqué des jouets en bois ou en tissu. Puis, on a utilisé le métal et le plastique. Déjà, vers 1950, les modèles de jouets représentaient des personnes ou des objets vus à la télévision.

1

3

Ailleurs, dans certains pays...

On réutilise divers matériaux pour fabriquer des jouets.

4 Mozambique

5 Tanzanie

6 Égypte

- Qu'as-tu appris en observant les photos ?
- Que sais-tu maintenant sur les jeux d'autrefois et d'ailleurs ?

1. Voici une recette à préparer avec des œufs. Nomme les six ingrédients requis.

2. À quelle classe de mots appartiennent ceux que tu as nommés ? Lesquels sont au singulier ? au pluriel ? Discutes-en avec tes camarades.

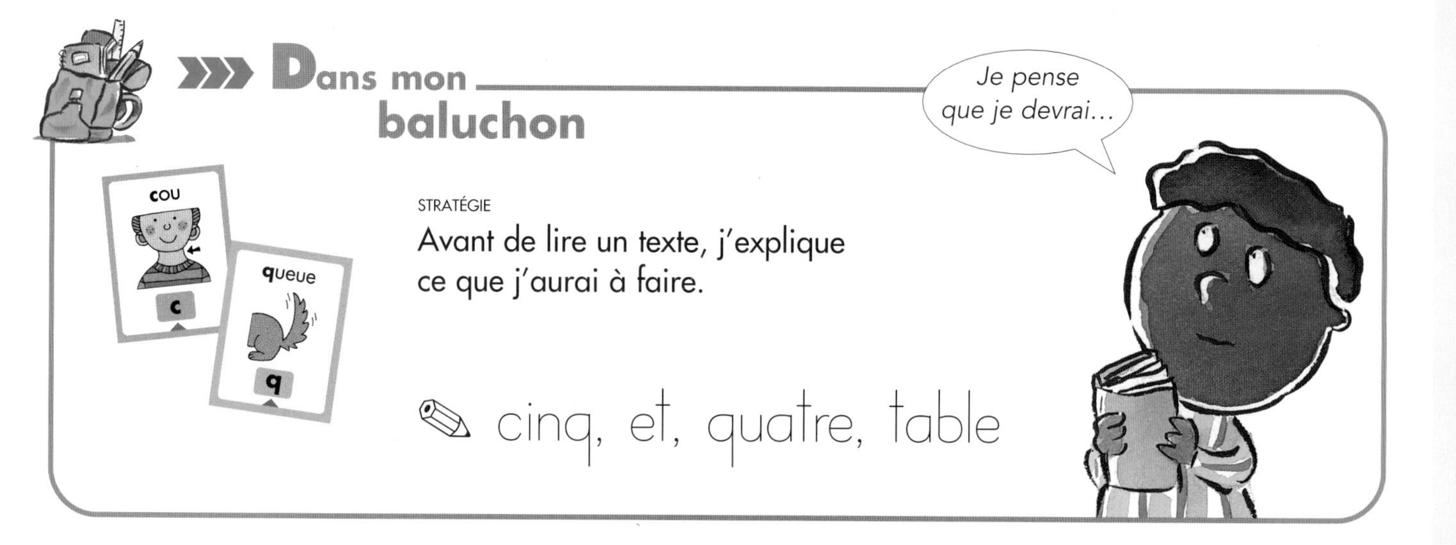

• Décris d'autres jeux de précision que tu connais.
• Explique ce que tu as appris et aimé dans cette excursion.

13•4

- Survole ce texte et explique de quoi il y est question.
- Dis ce que tu penses de l'utilité des illustrations.

Lis le texte pour découvrir qui sont Tika et Kapi. Explique ensuite ce que tu ressentirais si tu étais à la place de Tika. Ça te permettra d'exprimer tes sentiments.

Quand les oies vont en voyage

En mars, toutes les familles d'oies sauvages se préparent pour la grande migration. Les grandes et les petites oies attendent avec impatience le jour où Kapi, l'oie de tête, donnera le signal du départ. Elles s'impatientent :

– Sais-tu quand on part ?

– Est-ce pour demain ?

– As-tu fait tes exercices ?

Tika, petite oie de six mois à peine, écoute les vieilles oies raconter leurs voyages. Elle n'en peut plus d'attendre.

– Quand est-ce qu'on part ? demande-t-elle à tout instant.

Ah ! comme elle a hâte de survoler les montagnes, les cités, les forêts dont elle ne sait rien !

Enfin, le grand jour arrive. Kapi fait savoir à toutes qu'il est temps de prendre la route du nord. La colonie se rassemble, puis s'élève dans le ciel. Au début, on dirait une cour d'école à l'heure de la récréation : les oies volent dans toutes les directions. Puis, chacune prend sa place et le long voyage commence.

- Discute de ce que tu as compris dans cette histoire.
- Note sur la fiche qu'on te remet comment tu te sentirais à la place de Tika.

1. Voici une aventure qui arrive à Tika. Raconte-la à l'aide des illustrations.

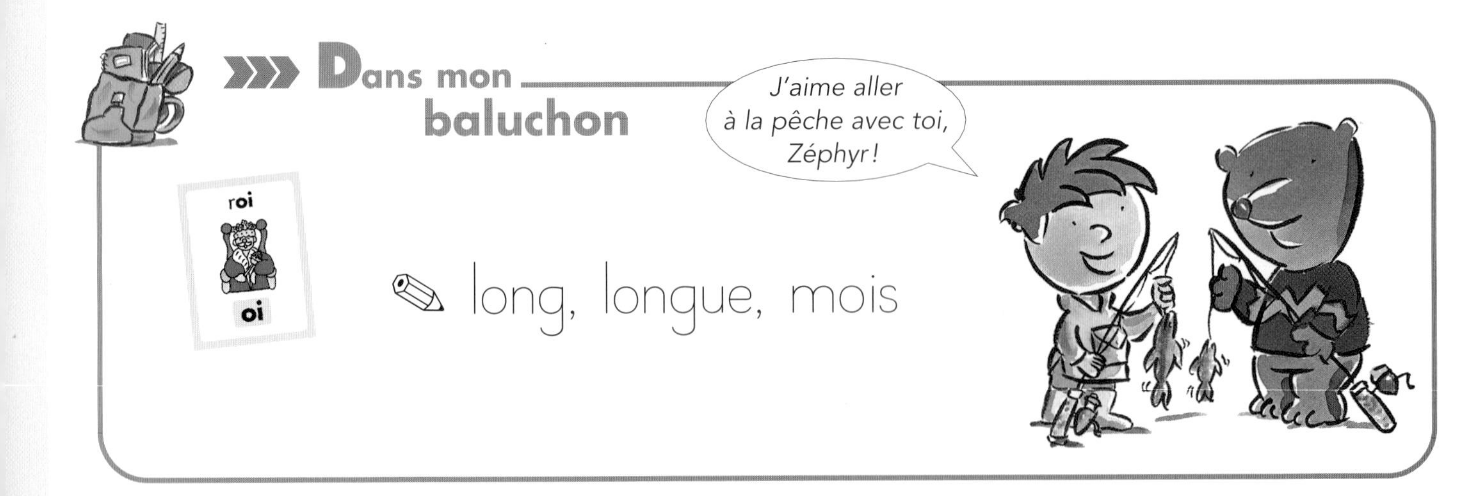

• Explique ce que tu as appris et aimé dans cette excursion.

- Rappelle-toi l'aventure de Tika.
- Imagine une nouvelle aventure qui pourrait arriver à Tika lors de sa migration.

Invente avec tes camarades de classe une nouvelle aventure à Tika. Ça te permettra de partager tes idées avec ta classe.

13•4

Le voyage de Tika

1. **Observez le modèle qui suit. Imaginez ensuite à votre tour une aventure que pourrait vivre Tika.**

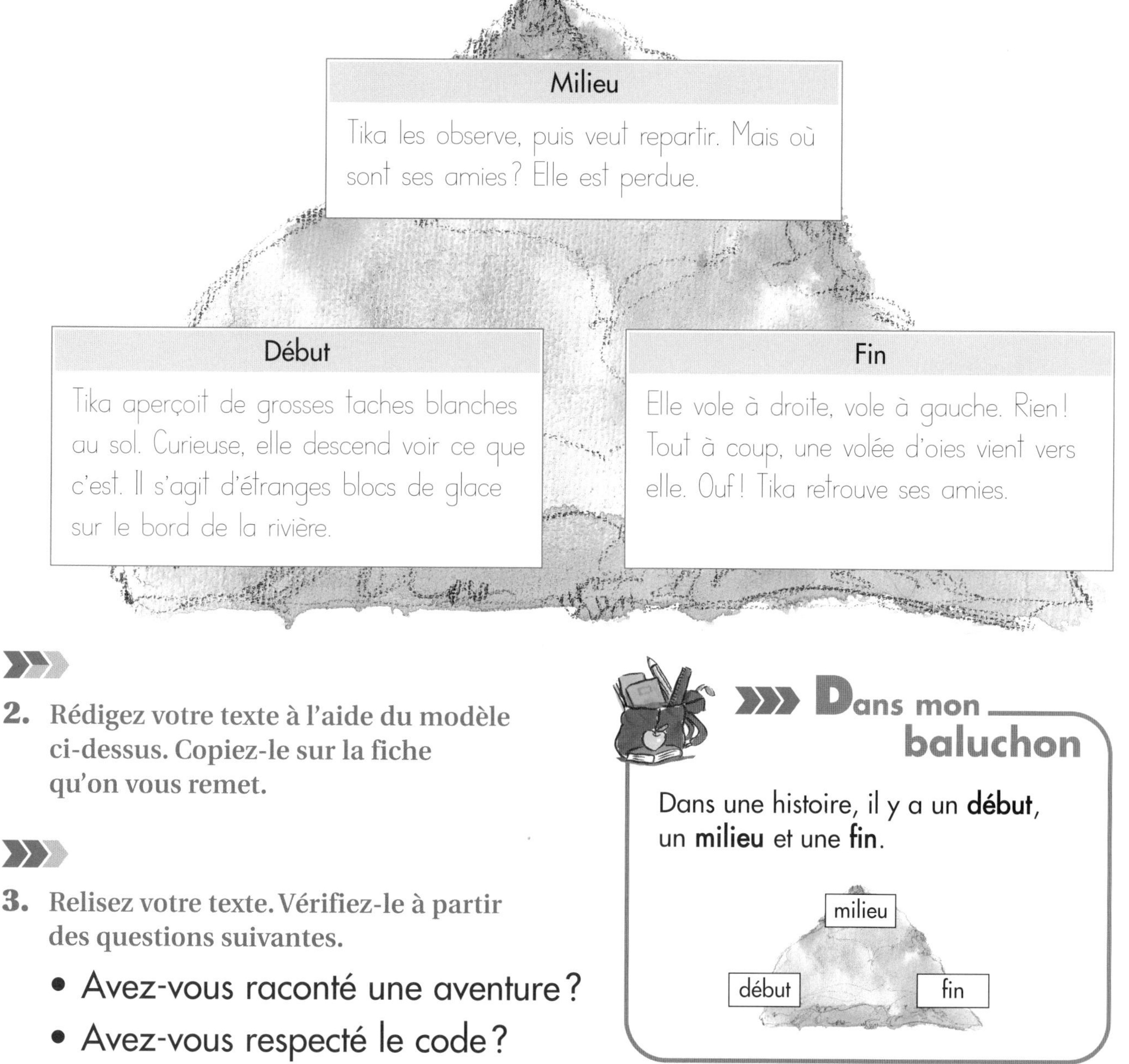

2. **Rédigez votre texte à l'aide du modèle ci-dessus. Copiez-le sur la fiche qu'on vous remet.**

3. **Relisez votre texte. Vérifiez-le à partir des questions suivantes.**

- Avez-vous raconté une aventure?
- Avez-vous respecté le code?

Dans mon baluchon

Dans une histoire, il y a un **début**, un **milieu** et une **fin**.

milieu

début fin

- Écrivez votre texte au propre et illustrez-le.
- Dites ce que vous avez aimé faire dans cette situation d'écriture.

Faisons le point ensemble

Dans mon baluchon

Je veux les faire écrire à mes amis.

1. Voici les mots d'orthographe vus depuis le début du manuel. Avec tes camarades, invente des façons de les revoir.

aimer	et	maman	petite
alors	été	moi	peu
avec	frère	mois	plus
avoir	grand	musique	porte
bien	grande	ne… pas	puis
blanc	histoire	noir	quatre
blanche	il y a	noire	rouge
boîte	jaune	nuit	si
chose	jour	on	sœur
cinq	livre	oui	table
comment	long	paire	terre
crayon	longue	papa	toi
deux	mais	par	très
dix	maison	petit	trois

Que penses-tu de ta façon d'écrire ces mots? Choisis le visage qui correspond à ta réponse et explique-toi.

Compose une histoire

Quelle histoire aimerais-tu raconter ? Que se passera-t-il au début, au milieu et à la fin de ton histoire ?

- Combien y a-t-il de personnages dans ton histoire ? Comment s'appellent-ils ? Qui sont-ils ?
- Où se passe ton histoire ? À l'école ? à la maison ? dans un autre pays ? sur une autre planète ?
- Quand l'action se déroulera-t-elle ? De nos jours ? autrefois ? dans le futur ?

Présente ta production et évalue-la avec ta classe.

* Trouve le nom de l'auteure.
* Lis les mots que tu reconnais d'un seul coup d'œil.

Lis le texte pour découvrir le tour qu'une enfant veut jouer avec de l'eau. Tu pourras ensuite imaginer comment les gens réagiraient à un tour pareil. Ça te permettra d'exprimer ton opinion sur ce type de blague.

14•1

La trappe à eau de Nora

Quand je veux jouer un tour, je fabrique une trappe à eau. Je trouve un endroit où il y a une petite flaque d'eau. Je recouvre la flaque avec des brindilles et un peu de boue. Ensuite, j'attends.

Je me dis qu'une personne ou un animal va finir par marcher dedans. J'essaie d'imaginer qui je vais attraper. Mes parents ? Le chat des voisins ? Un écureuil trop pressé ?

Mais la trappe à eau ne fonctionne pas toujours. Parfois, tout le monde marche à côté.

Les heures passent, et la trappe à eau est là, bien cachée. Tellement, que je finis par l'oublier... Et c'est là que je me fais prendre moi-même.

Un jour, au lieu de me mouiller les pieds, j'ai glissé. C'est souvent la trappe à eau qui a le dernier mot !

Pierrette Dubé

- Dis ce que tu penses de Nora et du tour qu'elle a voulu jouer.
- Explique ce qui t'a plu dans ce texte.

• Quelles sont les différentes utilités de l'eau ?

Fabrique un bateau à voile

1. **Voici des matériaux pour fabriquer une coque de bateau. Choisis le matériau que tu veux utiliser.**

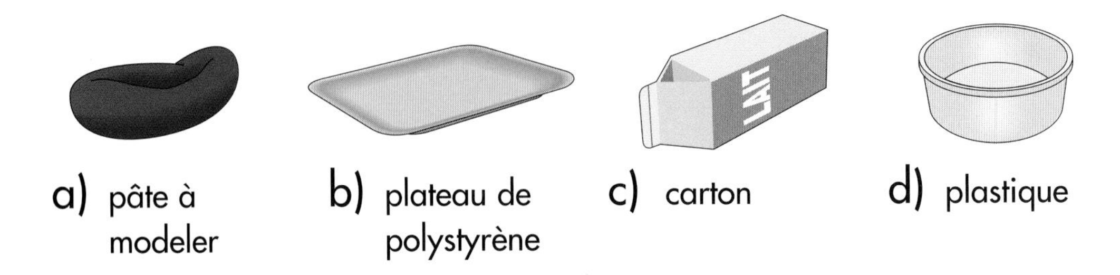

a) pâte à modeler
b) plateau de polystyrène
c) carton
d) plastique

2. **Voici des modèles de voiles à fixer sur un mât. Choisis le modèle que tu veux reproduire.**

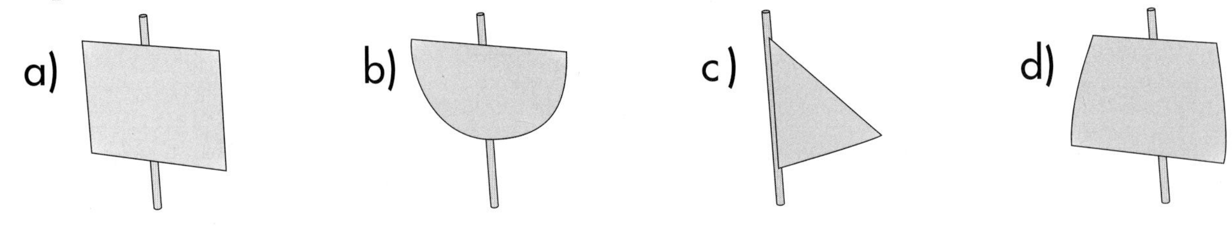

3. **Tu peux stabiliser ton voilier avec une boule de pâte à modeler. Choisis l'endroit où tu la placeras.**

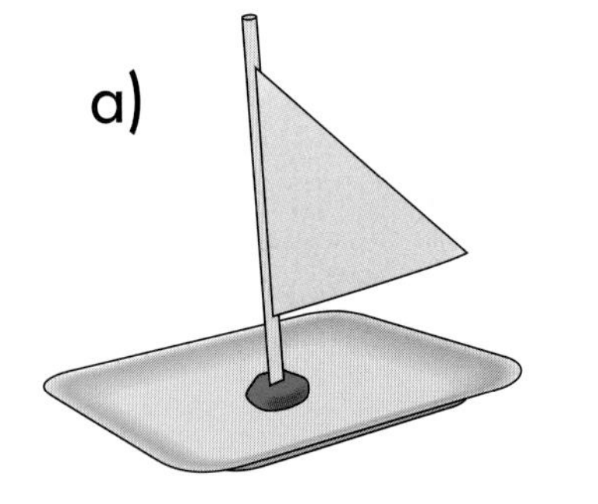

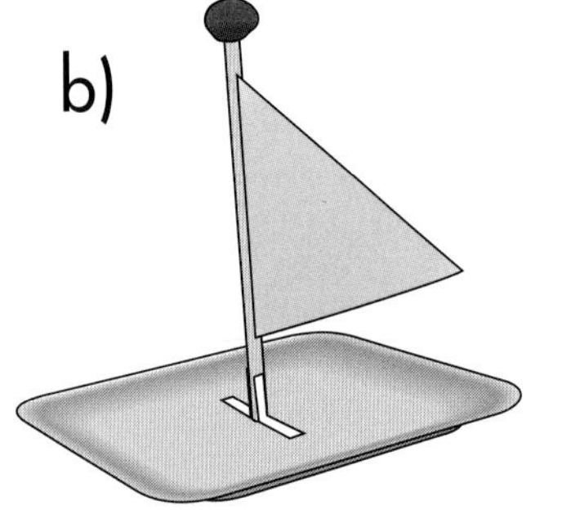

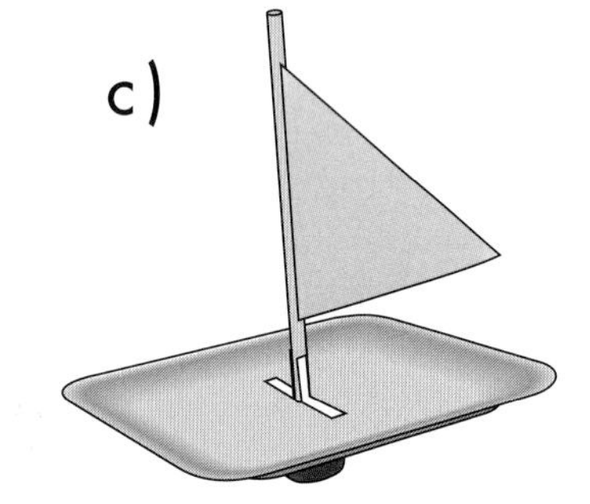

4. **Maintenant, fabrique ton voilier, puis essaie-le.**
– Fais-le flotter.
– Fais-le bouger sur l'eau.
Quelle charge peut-il contenir sans chavirer ?

• Que penses-tu de tes résultats ?
• Qu'as-tu appris dans cette tâche ?
• À quoi l'eau sert-elle ?

1. **Voici la maison et le terrain de la famille de Nora, vus du haut des airs. Retrouve chacun des éléments suivants sur cette illustration.**

2. **Nora a trouvé un nid d'oiseau chez elle. Découvre son itinéraire sur l'illustration en suivant les indications avec ton doigt.**

a) Je sors de la maison par la porte avant.
b) Je vais devant le garage.
c) Je passe devant l'arbuste et je tourne à gauche.
d) Je vais derrière le garage.
e) Près des balançoires, je trouve le nid d'oiseau.

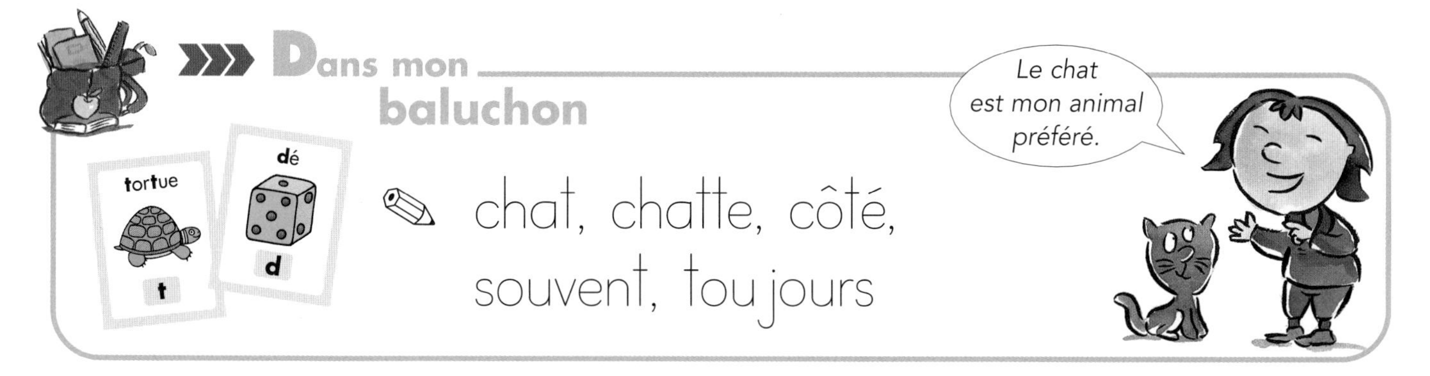

- Discute avec ta classe des tours, ceux qui sont amusants et aussi ceux qui sont méchants.
- Dis ce que tu penses de tes progrès en lecture.

- Survole le texte et dis de quel type il s'agit.
- Dis ce que tu connais des gens présentés dans ce texte.

Lis le texte pour découvrir les réalisations de certaines personnes. Tu pourras ensuite dire ce que tu en penses. Ça t'aidera à comprendre comment on gagne à s'engager dans un projet qui tient à cœur.

14•2

Connais-tu ces gens ?

Voici des gens de chez nous à connaître. À toi de les découvrir !

Julie Payette

Julie Payette est astronaute. Elle a déjà participé à une mission dans l'espace. Après un long entraînement, elle s'est envolée dans une navette spatiale en mai 1999. C'est elle qui a manœuvré le fameux « bras canadien ». Julie Payette est maintenant connue dans le monde entier. Elle espère retourner dans l'espace sous peu. Que penses-tu d'elle ?

1

Julie Payette

2

Julie Payette à l'entraînement

3

Le « bras canadien » et la navette spatiale

4 *Une pluie de feuilles*, 1999

Pauline T. Paquin

Pauline T. Paquin est artiste peintre. Cette femme aime peindre des enfants en action. Les gens adorent les couleurs, les décors et les enfants de ses tableaux. Comment trouves-tu son tableau ?

5 Pauline T. Paquin

Paul E. Gallant

Paul E. Gallant est l'inventeur des casse-tête en trois dimensions. Il a mis un an à fabriquer son premier modèle. Aujourd'hui, ses casse-tête sont vendus dans de nombreux pays. Ils amusent les adultes comme les enfants. Aimes-tu faire des casse-tête en trois dimensions ?

6 Paul E. Gallant

7 Casse-tête en trois dimensions

- Note sur la fiche qu'on te remet ce que tu as appris sur les gens dont il est question dans le texte.
- Discute avec ta classe de ce qui te surprend le plus dans ce texte.

1. Que peuvent faire ou avoir les garçons ? les filles ? Discute de tes réponses avec tes camarades.

Les garçons peuvent-ils...
Les filles peuvent-elles...

a) ... vouloir être astronaute ?
b) ... apprécier les tableaux des peintres ?
c) ... aimer faire des casse-tête ?
d) ... jouer avec une amie ?
e) ... avoir les cheveux longs ?
f) ... avoir un pénis ?
g) ... porter un bikini ?
h) ... pleurer très fort ?
i) ... jouer avec des poupées ?
j) ... avoir des bâtons de hockey ?
k) ... se faire appeler « mon amour » par leurs parents ?

- Nomme d'autres personnes qui ont fait de grandes choses.
- Pense à un grand projet que tu aimerais réaliser et communique-le oralement à ta classe.

- Dis les questions que tu te poses en survolant ce texte.
- Dis ce que tu dois faire avec ce texte.

Amuse-toi à lire ce poème et à le relire à la maison. Ça te donnera l'occasion de vivre des activités qui te feront mieux connaître le soleil.

Pomme d'Api, n° 60, été 1997, texte d'Yvonne Belaunde, illustration d'Andrée Prigent, p.12.

- Dis ce que tu penses de ce poème.
- Trouve les étapes de la journée mentionnées dans le poème.
- Explique comment tu peux faire pour apprendre ce poème.

• Qu'est-ce qui crée les ombres à ton avis?

Ombres et lumière

1. Associe chaque arbre à son ombre.

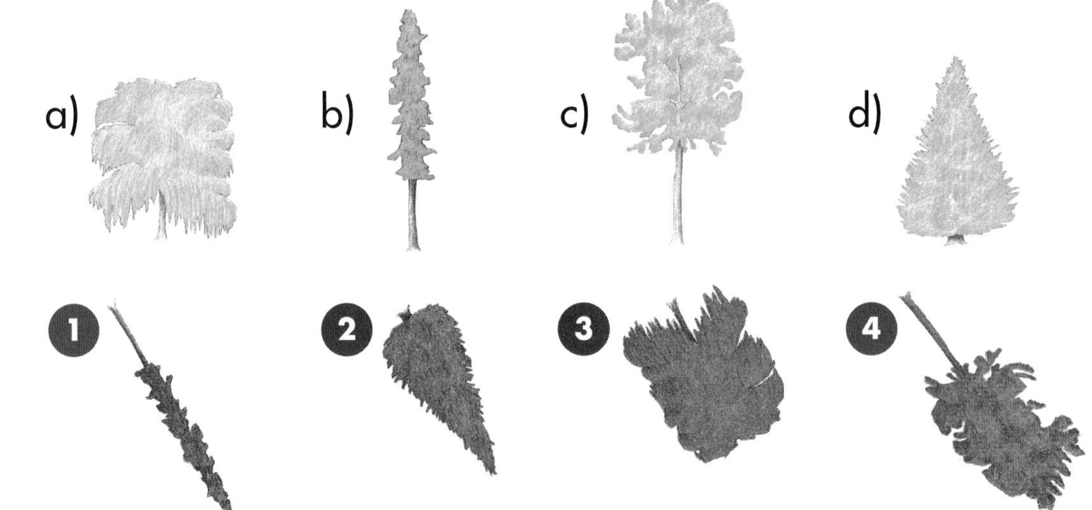

2. Observe ces illustrations. Trouve les différences entre chacune d'elles et discutes-en avec tes camarades.

3. Réponds aux questions suivantes:

- **Quel mur de ton école est éclairé à l'est le matin? au sud à la fin de l'avant-midi? à l'ouest à la fin de l'après-midi?**
- **Quel mur de ton école n'est jamais éclairé directement au nord?**

• Comment sont les ombres des objets dans la cour de ton école? des modules de jeux?
• Quels sont les dangers liés au soleil et comment les éviter?

1. Voici des suggestions de poésie. Dans les titres, pourquoi certains mots sont-ils en mauve et d'autres en vert?

2. Donne d'autres suggestions de poésie.

Dans mon baluchon

Moi aussi, j'écris des poèmes!

Un enseignant écrit **une histoire**.

Une enseignante lit **le poème**.

Un nom commun est soit au masculin, soit au féminin.
Devant un nom commun **masculin**, on peut mettre le déterminant **un** ou **le**.
Devant un nom commun **féminin**, on peut mettre le déterminant **une** ou **la**.

✎ lire, lune, orange, soir, tu es

- Nomme des poèmes, des comptines ou des chansons que tu connais sur le soleil.
- Dis ce que tu as appris et aimé dans cette excursion.

- Explique où se passe cette histoire et ce qui arrivera aux personnages.
- Explique ce que tu feras pour te préparer à lire ce texte.

Écoute la première moitié du texte, puis lis la suite. Découvre comment un jeune homme se sort d'une situation difficile. Ça te permettra de réfléchir aux injustices que des gens vivent parfois.

14•4

Aïe et ouille

Il était une fois un homme très riche, mais très avare. Chaque fois qu'il engageait un serviteur, il lui promettait deux cents réals par mois. Mais à la fin du mois, quand il fallait le payer, l'homme riche l'appelait et lui disait :

– Va au marché et achète-moi un peu d'aïe et d'ouille. Si tu ne m'en rapportes pas, tu ne seras pas payé.

Aucun de ses serviteurs ne savait ce qu'était de l'aïe ou de l'ouille et où on pouvait en acheter, donc aucun d'eux ne recevait jamais ses deux cents réals.

Un jour, un jeune homme intelligent entra au service de l'homme riche et il se dit : « Je vais lui montrer ce que c'est que son aïe et son ouille et il s'en souviendra jusqu'à la fin de ses jours. »

Il fit son travail tout le mois et, lorsque l'homme riche l'envoya au marché pour acheter de l'aïe et de l'ouille, il lui dit :

– D'accord, monsieur, mais vous devez d'abord me donner cent réals, l'aïe et l'ouille ont augmenté.

L'homme riche lui donna cent réals, en pensant que de toute façon, il ne rapporterait rien.

Prenant deux jarres, le garçon mit dans l'une un grand mille-pattes et dans l'autre, un scorpion, et il revint à la maison.

– Qu'as-tu rapporté ? demanda l'homme riche.

– Voici l'aïe, dit le garçon en lui montrant la jarre au mille-pattes.

– Tu veux dire que ceci est de l'aïe ?

– Mettez votre doigt dedans et vous verrez, répondit l'autre.

L'homme riche mit son doigt dans la jarre et le mille-pattes le mordit un bon coup.

– Aïe ! cria l'homme.

– Tenez, vous voyez ? dit le garçon en riant, et ici dans cette autre jarre, il y a de l'ouille.

– Très bien, très bien, voici tes deux cents réals et va au diable ! grogna l'homme riche en donnant l'argent au garçon. Mais il ne mit pas son doigt dans l'autre jarre.

D'après *Contes africains,* D. R.

- Résume le texte dans tes mots.
- Note sur la fiche qu'on te remet ce que tu aurais fait à la place du serviteur et à la place de l'homme riche.
- Dis ce que tu penses d'eux.

1. **Lis le texte et explique à quels endroits il faut mettre les majuscules et les points.**

le garçon se rend au village il raconte son aventure à tout le monde l'homme très riche donne maintenant des réals à ses serviteurs

2. **Explique comment tu t'y prends pour ponctuer des phrases.**

Dans mon baluchon

dire,
garçon,
jeune,
rien

- Trouve d'autres contes dans lesquels des personnages sont exploités.
- Explique ce que tu as appris et aimé dans cette excursion.

- Compare ces deux textes et explique les principales différences.
- Dis les questions que tu te poses en survolant ces textes.

Lis les deux textes pour découvrir différentes façons de parler des arcs-en-ciel. Ensuite, tu indiqueras quel type de texte tu préfères. Ça t'aidera à mieux connaître ton environnement.

Qu'est-ce qu'un arc-en-ciel?

Le soleil donne une lumière blanche. Cette lumière est un mélange parfait de sept couleurs : rouge, orange, jaune, vert, bleu, indigo et violet. Lorsque le soleil brille à travers la pluie, les gouttes séparent les sept couleurs de la lumière. C'est ainsi que se forme un arc-en-ciel. L'arc-en-ciel apparaît toujours dans la direction opposée au soleil. Il se dessine dans le ciel à la fin d'une averse.

Marie-Christine Lussier

Arc-en-ciel

Il pleut, il pleut,
Et je m'ennuie un peu.
Dans la fenêtre embuée,
Je dessine un bateau
Qui dégouline aussitôt.
Il pleut, il pleut,
Et je m'ennuie un peu.
Dans mon dessin qui dégouline,
J'aperçois d'un côté le soleil
Et de l'autre, un arc-en-ciel.
Vite ! Je sors dehors
En même temps que mon ami Victor
Et ma voisine Su-Yin
Et Marie et Hugo et Michèle...
Tout le monde veut voir le bel arc-en-ciel !
Il pleut, il pleut,
Je ne m'ennuie plus du tout !

Marie-Christine Lussier

- Note sur la fiche qu'on te remet ce que tu as appris sur les arcs-en-ciel.
- Nomme le texte que tu préfères et dis pourquoi.

1. **Lis le texte avec un ou une camarade. Discutez ensemble de ce qu'il faut faire pour observer comment l'eau sépare les couleurs.**

Matériel

- Un miroir plat
- Une assiette à tarte en verre remplie d'eau
- Une lampe de poche puissante

a) Pose le miroir dans l'eau et appuie-le sur le rebord de l'assiette.

b) Éteins la lumière dans la pièce.

c) Utilise la lampe de poche pour éclairer la partie du miroir qui est dans l'eau.

d) Regarde sur le mur ou au plafond. Quelles couleurs vois-tu ?

2. **Nomme les couleurs de l'arc-en-ciel en ordre alphabétique.**

- Explique ce que tu as appris et aimé dans cette excursion.
- Dis ce que tu as appris sur les arcs-en-ciel.

- Dis de quel type de texte il s'agit.
- Explique ce qui se passe dans cette histoire et ce qui arrivera aux personnages.

Lis ce texte pour découvrir comment Guillaume se procure un Milui. Ensuite, tu diras ce que tu penses de son comportement. Ça te permettra de réfléchir à la publicité.

14•6

Milui fait tout !

Guillaume regarde la télé. Il voit une annonce publicitaire.

Guillaume court au magasin. Il achète un Milui. Chez lui, Guillaume ouvre la boîte. Il est surpris. Milui est un miroir ! Oui, Milui fait tout ce que Guillaume fait. Mais trente-huit dollars pour un miroir, c'est loin d'être presque gratuit !

Serge Bureau

- Dis ce que tu penses de cette publicité.
- Fais part des sentiments de Guillaume avant et après l'achat de son Milui.

1. **Lis les annonces publicitaires suivantes et associe chacune d'elles à l'illustration appropriée.**

a) Tobi est une invention sensationnelle !
C'est un petit robot
qui range votre chambre.
Avec lui, tout reluit.
Il est silencieux et presque gratuit !

b) Un bon déjeuner…
Voilà le secret
pour bien commencer la journée !
Vous vous régalerez avec Croquant,
des flocons croustillants
au goût de miel !

c) Une boîte à dîner extra !
Des couleurs fluo,
une forme arrondie,
une poignée solide,
voilà ce qu'il vous faut !

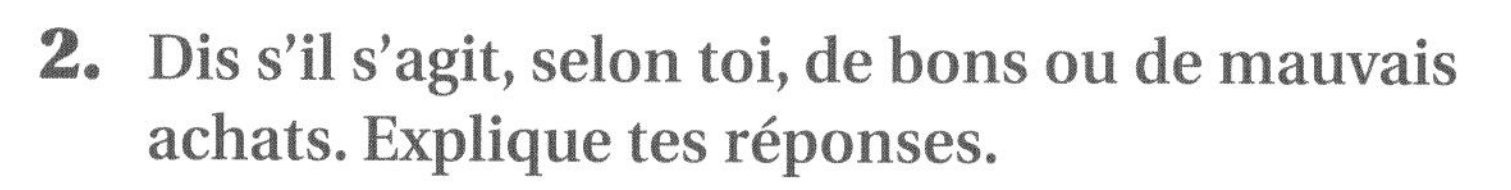

2. **Dis s'il s'agit, selon toi, de bons ou de mauvais achats. Explique tes réponses.**

Comment discuter des annonces publicitaires avec mon enfant ?

Les annonces publicitaires stimulent l'imagination des enfants. Jusqu'à l'âge de sept ans, environ, les enfants ne font pas la différence entre un produit et la promotion qu'on en fait : ils apprécient le produit lorsque sa publicité leur plaît. Questionnez votre enfant sur ce qu'il ou qu'elle apprécie dans les annonces et apprenez-lui à les juger avec discernement.

- Dis ce que tu penses de la publicité que tu vois fréquemment à la télévision.
- Dis ce que tu as appris et aimé dans ce thème.

Ça m'aide

- Observe le texte, puis explique de quoi il y est question.
- Dis ce que tu sais sur ce genre de texte.

15•1

Écoute la lecture de la première lettre, puis lis les autres pour découvrir ce qui préoccupe Joshua. Tu donneras ensuite ton opinion sur son problème. Ça t'aidera à mieux connaître les plantes de ton environnement.

Pouvez-vous m'aider ?

Belœil, le lundi 4 juin 2001

Chère madame la botaniste,

Je m'appelle Joshua. J'ai six ans. J'ai découvert un bananier derrière chez moi. Je veux en prendre soin. Pouvez-vous m'aider ?

Votre ami,

Joshua

Montréal, le dimanche 10 juin 2001

Cher Joshua,

Je suis très étonnée de ta découverte ! Les bananiers sont des plantes tropicales. Ils ont donc besoin de beaucoup de chaleur et d'humidité. Ils ne vivent pas au Québec.

Es-tu bien certain, Joshua, que la plante que tu as trouvée est un bananier ?

Ta toute dévouée,

Christine Laplante, botaniste

Belœil, le mercredi 13 juin 2001

Chère madame Laplante,

Mon arbre a de grandes feuilles semblables à celles du bananier de mon livre. C'est sûrement un vrai bananier !

Votre ami,
Joshua

Montréal, le mardi 19 juin 2001

Cher Joshua,

Pourrais-tu, s'il te plaît, m'envoyer une photo et une feuille de cet arbre ?

Je l'examinerai avec soin. Après, je serai plus en mesure de te conseiller.

Ta toute dévouée,
Christine Laplante

Carmen Marois

- Dis ce que tu penses de la découverte de Joshua.
- Joins-toi à un ou à une camarade et imaginez la suite de cette histoire.

• Où y a-t-il du sable et de la terre dans ton milieu?

Le sable et la terre

1. Que peux-tu dire sur le sable et la terre? En quoi sont-ils semblables? En quoi sont-ils différents?

1

2

2. Pour mieux connaître le sable et la terre, compare deux quantités égales de chacun de ces éléments en faisant les expériences suivantes:

a) Observe-les à la loupe.

b) Pèse-les.

c) Mélange-les avec de l'eau.

d) Verse un mélange d'eau et de farine sur le sable et sur la terre. Observe l'eau qui s'égoutte.

3. Note tes observations sur la fiche qu'on te remet et compare tes résultats avec ceux de tes camarades.

• Qu'as-tu appris sur le sable et la terre?

1. **Voici des desserts faits avec des bananes. En quoi les mots présentés entre crochets ([ ]) se ressemblent-ils ? Partage tes réponses avec tes camarades.**

a)  des bananes [croustillantes] à la crème

b)  des [petites] bananes [sucrées] à l'érable

c)  des bananes [glacées] à l'orange

d)  de [délicieuses] bananes sur un coulis de fraises

Comment confier le soin des plantes aux enfants ?

Confiez à votre enfant la responsabilité de s'occuper d'une plante d'extérieur ou d'une plante en pot durant l'été. Pour l'aider à observer l'effet des soins dispensés à cette plante, posez-lui des questions : « Semble-t-elle avoir assez d'eau ? trop d'eau ? Est-elle envahie par des insectes ? Si oui, lesquels ? Pousse-t-elle rapidement ou lentement ? Comment mesurer sa croissance d'une semaine à l'autre ? »

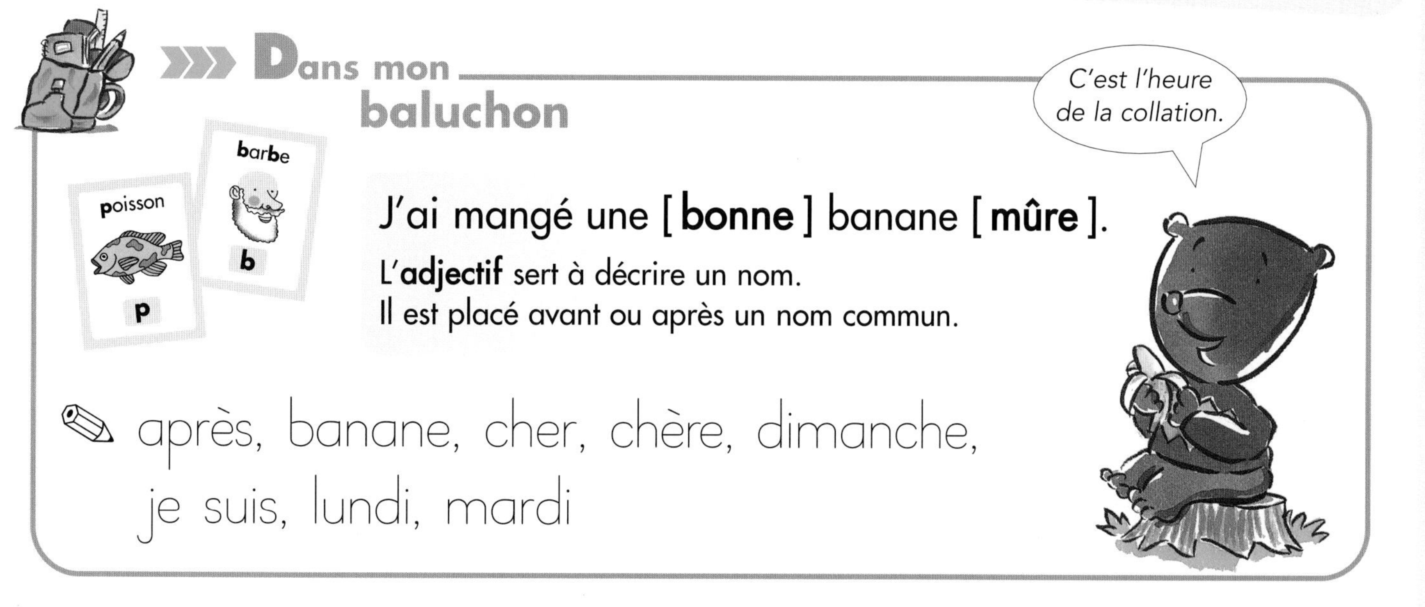

Dans mon baluchon

J'ai mangé une [**bonne**] banane [**mûre**].

L'**adjectif** sert à décrire un nom.
Il est placé avant ou après un nom commun.

✎ après, banane, cher, chère, dimanche, je suis, lundi, mardi

• Explique ce que tu as appris d'autre dans cette excursion.

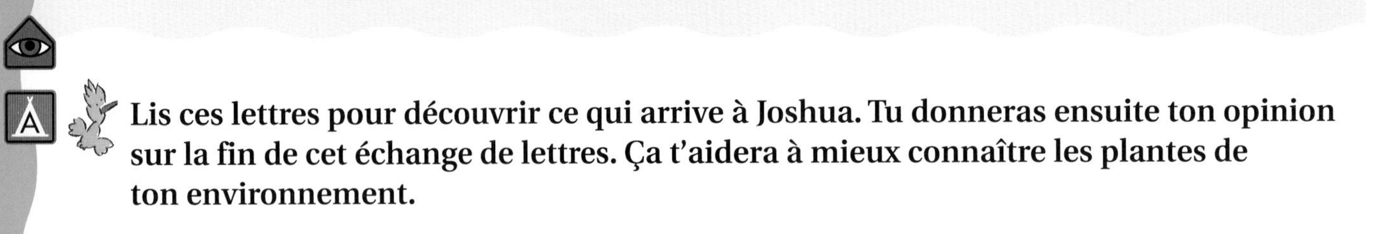

• Dis à quoi te font penser ces pages.

Lis ces lettres pour découvrir ce qui arrive à Joshua. Tu donneras ensuite ton opinion sur la fin de cet échange de lettres. Ça t'aidera à mieux connaître les plantes de ton environnement.

15•2

Pouvez-vous m'aider ? *(suite)*

Montréal, le vendredi 29 juin 2001

Cher Joshua,

Es-tu content d'être en vacances ?
J'attends toujours la feuille et la photo
que je t'avais demandées. Je t'envoie tout
de même quelques conseils.
Toutes les plantes ont besoin de lumière,
de terre et d'eau. Elles ont aussi besoin
de chaleur, certaines plus que d'autres.
Pour grandir, ta plante doit toujours
avoir de l'eau en quantité suffisante,
de la lumière et une bonne terre.

Au plaisir !

Christine

Belœil, le jeudi 5 juillet 2001

Chère Christine,

Je voulais vous envoyer une superbe feuille, mais je n'ai pas pu. D'énormes bulldozers sont venus. Ils ont rasé tout le petit bois. Je n'ai plus de bananier. Bientôt, il y aura de nombreuses maisons neuves derrière chez moi.

Hier, ma mère m'a acheté un joli cactus. Connaissez-vous les cactus ?

J'attends votre lettre,

Joshua

Carmen Marois

- Note sur la fiche qu'on te remet ce qui arrive dans cet échange de lettres.
- Compare la fin de cette histoire avec celle que vous avez imaginée en équipe.

1. **Lis cette comptine avec des camarades. Discutez de ce que vous pourriez faire avec ce texte.**

Banana blues

J'aime tant les bananes que j'en vois partout
Qui prennent leur bain ou qui dorment debout
Y en a même qui roulent sur une bicyclette
D'autres que l'on pousse dans une brouette

Souvent j'ai le goût de venir barboter
Dans un grand bassin tout plein de crème glacée
De biscuits aux raisins et de bonbons au beurre
Et surtout de bananes qui chantent en chœur

Parfois quand je monte dans mon bananier
Je m'accroche aux bananes pour ne pas tomber
Et de là si je veux faire comme les oiseaux
Une banane-ballon m'emmène voler là-haut

Dans mon baluchon

✎ avoir, elles ont, ils ont, jeudi, mercredi, samedi, vacances, vendredi

- Explique ce que tu as appris dans cette excursion.

• Choisis une personne à qui tu voudrais écrire.

Rédige une lettre pour demander des renseignements ou donner de tes nouvelles à une personne de ton choix. Ça te permettra de partager tes idées ou tes opinions.

15•2

Ma lettre

1. **Observe le modèle. Où est la date ? le nom de la personne qui a écrit la lettre ? le nom de la personne qui recevra cette lettre ?**

Québec, le 30 mai 2001

Cher Joshua,

Je m'appelle Olga. Comme toi, j'ai un petit cactus. Je l'ai posé près de la fenêtre. Je l'arrose une fois par semaine. Il semble en pleine santé. C'est très facile de s'occuper d'un cactus. Tu verras !

Olga

2. **Écris ta lettre sur la fiche qu'on te remet.**

3. **Relis ta lettre. Vérifie-la à partir des questions suivantes.**

- As-tu donné de tes nouvelles ou demandé des renseignements ?
- As-tu respecté le code ?

Dans mon baluchon

STRATÉGIE

J'aime les bananes.

Pour réviser chaque phrase,

- je repère les verbes, puis les noms communs et leurs déterminants ;
- je me demande dans chaque cas si je veux désigner une seule chose ou plusieurs choses ;
- si je veux désigner plusieurs choses, je vérifie si les noms communs et les déterminants au pluriel ont bien un **s** à la fin.

• Récris ton texte au propre.
• Dis ce que tu penses des lettres de tes camarades.

• Dis à quel autre texte celui-ci ressemble.
• Choisis un ou une adulte que tu aimes et dis ce que tu sais de son enfance.

Lis les questions de ce texte et choisis celles que tu aimerais poser à cette personne. Pose-lui ces questions, puis présente les réponses de ton choix à la classe. Ça t'aidera à mieux connaître la personne choisie.

15•3

Questions pour quelqu'un que j'aime

Bonjour ! J'aime quand tu parles de toi. J'ai des questions à te poser. Assieds-toi. Ferme les yeux. Imagine que tu as sept ans. Réponds à mes questions.

1. Quel est ton émission ou ton jeu préféré ?
2. Quel est ton plat ou ton dessert préféré ?
3. As-tu une chambre à toi ?
4. Quelles tâches fais-tu à la maison ?
5. As-tu un ordinateur ? une bicyclette ?
6. Aimes-tu l'école ? Pourquoi ?
7. Est-ce que tu te fais disputer souvent ?
8. As-tu un amoureux ou une amoureuse ? Quel est son nom ?
9. Raconte-moi un souvenir amusant.

Ouvre les yeux. Tu as de nouveau ton âge. Merci pour tes réponses !

Serge Bureau

• Choisis les questions que tu veux poser à l'adulte que tu aimes.
• Pose-lui ces questions, puis note les réponses obtenues.
• Présente cette personne à la classe en communiquant oralement les réponses de ton choix.

1. Nomme les mamans dont il est question dans les phrases.

a) Ma mère transporte des enfants. Elle conduit un autobus d'écoliers.

b) Ma mère rencontre beaucoup de gens. Elle dirige un bureau.

c) Ma mère marche tous les jours. Elle distribue le courrier.

d) Ma mère prend soin de mon petit frère.

e) Ma mère soulève des contenants. Elle marche dix kilomètres par jour.

f) Ma mère travaille dans un laboratoire. Elle utilise des éprouvettes.

2. Trouve le verbe dans chaque phrase. Explique comment tu as fait.

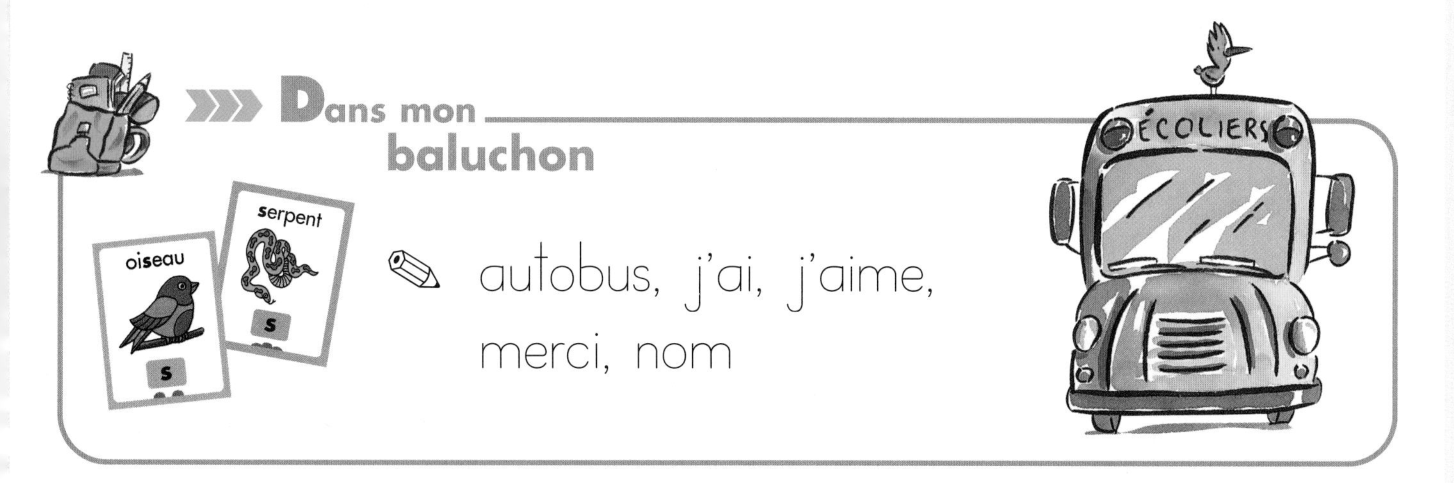

• Dis ce qui t'a paru étonnant dans cette entrevue.

- Dis à quoi ce texte te fait penser.
- Explique ce que tu devras faire à partir de ce texte.

Lis le texte, puis pense à ce que tu ferais dans chaque cas. Ensuite, tu discuteras de ces situations avec tes camarades. Ça te permettra de réfléchir aux conduites sécuritaires à adopter cet été.

15•4

Place à la sécurité !

Dans la rue

Ton ami de neuf ans te propose de faire une balade à bicyclette. En cours de route, il te suggère d'explorer une nouvelle rue. Tu penses que tes parents ne seraient pas d'accord. Que fais-tu ?

À la maison

Tu t'es bien amusée avec ton amie tout l'après-midi, au parc. Elle retourne chez elle. Tu reviens chez toi. Il n'y a personne à la maison. Que fais-tu ?

Au centre commercial

Tu fais des emplettes au centre commercial avec ton père. Tout à coup, tu constates que tu ne le vois plus. Que fais-tu ?

Dans la piscine

Tu joues dehors avec une copine. Soudain, ton ballon tombe dans la partie peu profonde de la piscine. Que fais-tu ?

Au parc

Tu vois un chien que tu ne connais pas. Il ne semble pas avoir peur de toi. Il a l'air gentil. Il vient vers toi. Que fais-tu ?

Dans la cour de l'école

Tu as une collection de cartes de personnages. Un élève que tu ne connais pas beaucoup te demande cinq cartes. Il t'en offre une en échange. Il dit que cette carte a beaucoup de valeur. Que fais-tu ?

- Mimez en équipe chacune des situations.
- Note sur la fiche qu'on te remet ce que tu ferais dans chacune des situations.

15•4

1. Trouve la phrase qui décrit bien chaque panneau de signalisation.

a) Les écoliers et les écolières peuvent traverser ici.

b) Il faut s'arrêter ici.

c) On n'a pas le droit de marcher ici.

d) Si vous avez besoin d'aide, allez voir un policier ou une policière. Le poste de police n'est pas loin !

e) On n'a pas le droit de circuler à bicyclette dans ce chemin.

Dans mon baluchon

chien, chienne, cour, neuf, parent

Comment parler sécurité avec mon enfant ?

Votre enfant acquiert de plus en plus d'indépendance dans ses allées et venues et doit donc apprendre à développer des attitudes sécuritaires. Les études démontrent que les enfants perçoivent mieux les risques lorsque les adultes qu'ils côtoient accordent de l'importance à la sécurité. Le texte Place à la sécurité ! *offre une bonne occasion de discuter de ce sujet avec votre enfant.*

- Explique à quoi servent les règles de sécurité.
- Explique ce que tu as appris et aimé dans ce thème.

Ça passe vite

Ton projet

Garde des souvenirs de ton année

Quels souvenirs aimerais-tu conserver de l'année qui se termine ?

- Quels moyens peux-tu utiliser pour recueillir tes souvenirs ?
- Tes meilleurs souvenirs sont-ils liés à un projet ? à un travail d'équipe ? à un texte que tu as lu ou écrit ?
- Que peux-tu faire pour montrer à quel moment de l'année tu associes un souvenir ?
- Comment t'y prendras-tu pour présenter tes souvenirs ?

Présente ta production et évalue-la avec ta classe.

16•1

- Survole ce texte.
- Explique ce que font les personnages et où se passe l'action.

Lis le texte pour découvrir l'aventure de Minh et Maxime et pour donner ton opinion sur ce qui leur arrive. Ça t'aidera à réfléchir à certaines façons de résoudre des conflits.

La partie de balle

Maxime est dans la classe 101. Minh est dans la classe 102. Ce sont deux amis, mais parfois, ils se disputent. Surtout quand il est question de partie de balle.

– Nous sommes les meilleurs à la balle, dit Minh.

– Non ! C'est nous, crie Maxime.

Une dispute, ça empire vite ! Heureusement, Martine, la surveillante, arrive.

– Faisons une partie à l'heure du dîner, dit Martine. Nous verrons qui sont les meilleurs !

À midi, les deux classes sont au terrain de balle, au fond de la cour de récréation.

Au premier lancer, Maxime frappe en dehors des limites du terrain, dans la rue. Un chien ramasse la balle. Les deux équipes veulent attraper le chien. Impossible ! Un chien, ça court vite !

La cloche sonne. Il faut rentrer à l'école.

L'heure du dîner passe trop vite. On ne saura jamais qui sont les meilleurs !

Serge Bureau

- Note sur la fiche qu'on te remet les faits saillants du texte.
- Dis ce que tu penses de la solution proposée par Martine.

1. **Voici le quartier de Maxime et Minh, vu du haut des airs. Nomme quelques éléments représentés sur cette illustration.**

2. **Suis les indications pour découvrir l'itinéraire du chien.**

a) Le chien est devant l'école. Il tourne à droite dans la rue des Colibris.

b) Il se rend jusqu'au parc.

c) Il traverse le parc jusqu'à la rue Laurent.

d) Il tourne à gauche dans cette rue.

e) Il se rend jusqu'au feu de circulation. Oups ! le feu est rouge !

f) Il tourne à droite dans la rue des Oliviers.

g) Il arrête de courir devant la deuxième maison. C'est la maison de Maxime ! Comment est cette maison ?

Dans mon baluchon

✎ fête, main, par

- Explique en quoi ce que tu as appris te sera utile à l'école et à la maison.
- Nomme des points de repère que tu observes dans ton itinéraire quotidien et communique-les oralement à la classe.

- Que sais-tu sur l'utilité de l'air ?
- Quels objets fonctionnent grâce à l'air ?

Fabrique un engin volant

1. J'observe le modèle de l'engin volant.
   a) Quel matériel utiliser pour faire mon engin ?
   b) Comment fabriquer les anneaux ?
   c) Comment fixer les anneaux à la paille ?

2. Je rassemble le matériel.

3. Je prévois les étapes de fabrication.
   Quoi faire en premier ? ensuite ? en dernier ?

4. J'effectue des essais.
   a) Comment faire voler mon engin ?
   b) Dans quel sens le lancer ?
   c) Comment le modifier pour le rendre plus performant ?

5. Je compare mes résultats avec ceux de mes camarades.

- Que penses-tu de ta participation à cette expérience ?
- Qu'as-tu appris en faisant cette expérience ?

- Dis les questions que tu te poses en survolant ce texte.
- Explique de quoi il est question dans ce texte.

Lis ce texte pour découvrir le problème du vent du nord et du Soleil. Mentionne ensuite ce qui t'étonne dans cette fable. Ça te donnera l'occasion de mieux connaître l'air.

16•2

Le vent du nord et le Soleil

On ne compare pas
le vent du nord et l'astre roi.
Soleil criait « Je suis le plus fort ! »
« Je te battrai », criait le vent du nord.
Un concours fut décidé sur l'heure.
Qui des deux arracherait
le manteau du promeneur ?

Le vent du nord souffla,
rude et violent, dans son dos.
Le promeneur s'enveloppa frileusement dans son manteau.
Alors le Soleil brilla,
et il fit si chaud que le promeneur ôta son manteau.

« Le vent du Nord et le Soleil », in *Fables d'Ésope*, Margaret Clark, illustré par Charlotte Voake, traduit par Marie Farré,

- Décris la querelle du vent du nord et du Soleil et dis comment elle se termine.
- Explique ce que tu penses de cette fable et dis si l'histoire qu'elle raconte peut arriver.
- Présente d'autres fables que tu connais.

»»

1. **Lis les poèmes. Nomme ensuite celui que tu préfères et explique pourquoi tu l'aimes.**

L'air de quoi ?

Il a l'air de quoi,
Ce ballon tout rond ?
Il n'a l'air de rien,
Mais il est bien plein.
Il est plein de quoi,
Ce ballon tout rond ?
Sans en avoir l'air,
Il est rempli d'air.

Corinne Albaut, *101 poésies et comptines*, Paris, © Bayard Éditions, 1993, p. 62.

Le courant d'air

Il passe en courant,
Qu'il entre ou qu'il sorte.
Il passe en courant
Et claque la porte.
Il a l'air
En colère,
Le courant d'air.

Corinne Albaut, *101 poésies et comptines*, Paris, © Bayard Éditions, 1993, p. 66.

2. Voici de courts passages de fables de Jean de La Fontaine. Quel mot est remplacé par **il** ou **elle** dans ces phrases ? Discutes-en avec tes camarades.

a) *Le Lièvre et la Tortue*

Le lièvre commence sa course. **Il** perd du temps.

b) *Le Loup et la Cigogne*

Le loup fait signe à la cigogne. **Elle** arrive aussitôt.

c) *Le Renard et le Bouc*

Le bouc est déçu. **Il** regarde partir le renard.

d) *Le Loup et l'Agneau*

Le loup boit à la rivière. **Il** ne veut pas être dérangé par l'agneau.

Dans mon baluchon

Brrr! La pluie est froide.

Le vent souffle très fort.
Il pousse les nuages.

La pluie tombe.
Elle est froide.

Les mots **il**, **elle**, **ils** et **elles** remplacent un ou plusieurs noms qu'on veut éviter de répéter.

- Explique ce que tu as appris dans cette excursion.
- Compare ta manière actuelle de lire avec celle d'avant Noël.

- Explique de quoi il est question dans ce texte.
- Dis à quel autre texte celui-ci te fait penser.

16•3

Lis pour savoir ce qui arrive à Marion. Donne ensuite ton opinion sur son aventure. Ça t'aidera à mieux te faire connaître.

Action, frissons et émotions

Marion aime l'action. Elle a patiné tout l'hiver. Depuis le début du printemps, elle fait de la bicyclette. Elle aime tellement ce sport qu'elle en rêve la nuit ! Mais cette nuit, elle rêve qu'un camion fonce sur sa bicyclette…

Marion se réveille en hurlant. Son cœur bat très fort. Ses parents accourent.

– Marion ! Ça fait huit fois cette semaine ! Il faut que ces cauchemars finissent. Nous sommes épuisés.

– Ce n'est pas ma faute ! C'est mon cœur qui choisit une vidéocassette !

– Suggère à ton cœur de choisir une vidéocassette de comédie.

– Je vais essayer…

Les parents de Marion se rendorment. Tout à coup, un bruit les réveille. Marion rit aux éclats. Impossible de la réveiller ! Le père et la mère de Marion passent encore une nuit blanche.

Le lendemain, Marion leur dit :

– C'est génial ! Cette nuit, je n'ai presque pas eu peur. J'avais mis la vidéocassette de l'histoire du lapin rose. C'était très drôle ! J'ai hâte à la nuit prochaine !

Michèle Marineau

- Note sur la fiche qu'on te remet ce qui arrive à Marion.
- Dis ce que tu penses de cette histoire.

1. **Voici des mots pour exprimer des émotions. Utilise-les pour répondre aux questions suivantes.**

1	2	3	4	5
excité excitée	attentif attentive	choqué choquée	peureux peureuse	déçu déçue

Comment te sens-tu quand...

a) un cauchemar te réveille en pleine nuit?

b) tes parents t'emmènent faire des emplettes?

c) tu lis un livre?

d) tu te rends chez la dentiste?

e) ton meilleur ami te boude?

f) tu penses à la fin de l'année scolaire?

g) tu réalises un projet?

h) on te demande de recommencer une tâche?

Dans mon baluchon

robe, rose

• Explique ce que tu as appris et aimé dans ce thème.

- Rappelle-toi un rêve que tu as fait récemment ou inventes-en un.
- Pense à tout ce qui t'est arrivé dans ton rêve.

Décris ton rêve. Ensuite, tu le feras lire à tes camarades. Ça te permettra de mieux te faire connaître.

16•3

Mon rêve

1. **Observe ce modèle. Pense au rêve que tu veux décrire (son début, le milieu et la fin).**

Milieu

Je veux prendre l'os, mais Pompon se fâche. Il ne veut pas me le donner.

Début

Je me promène dans le parc avec mon chien Pompon. Pompon devient tout excité, car il a trouvé un gros os en or. Je suis surpris et heureux.

Fin

Soudain, il aperçoit un chat. Il laisse l'os par terre et part à la poursuite du chat. L'os en or est maintenant à moi ! Je suis content !

2. **Écris ton rêve. Utilise la fiche qu'on te remet.**

3. **Relis ton texte. Vérifie-le à partir des questions suivantes.**

- As-tu décrit un rêve ?
- As-tu respecté le code ?

Dans mon baluchon

STRATÉGIE

Avant d'écrire une histoire, je pense à ce que je vais écrire...
- au début ;
- au milieu ;
- à la fin.

- Mets ton texte au propre et dis ce que tu en penses.
- Dis ce que tu as aimé faire dans cette situation d'écriture.

17•1

Thème 17

Ça reviendra encore

- Dis ce que ce texte te rappelle.
- Dis ce que tu sais de l'été.

Lis pour apprendre une chanson sur l'été et pour exprimer la beauté de cette saison par un collage. Ça t'aidera à explorer ton environnement en ce temps de l'année.

Chantons l'été

Printemps, été, automne, hiver
Les jours, les nuits s'en vont, s'en viennent
Printemps, été, automne, hiver
Les saisons passent et puis reviennent

1

Un champ d'odeurs et de couleurs
Voici l'été, les fleurs qui dansent
Ouvre tes yeux, tes bras, ton cœur
Voici l'été et les vacances

2

Un air de fête, de la musique
Voici l'été, youpi ! quelle chance
Sors dans la rue ou va au cirque
Voici l'été, vive les vacances

Michèle Marineau

Camille et Jean Monet au jardin d'Argenteuil,
Claude Monet, 1873

- Chante cette chanson à l'école et à la maison.
- Compare cette chanson à celles des autres saisons.

- Observe ces photos et communique oralement ce qu'elles t'apprennent sur l'été : les activités des gens, les animaux, les plantes, les arbres et le temps qu'il fait.

17•1

Images d'été

1

2

3

4

5

6

7

8

9

10

- Quelles sont les quatre saisons dans l'ordre ?
- Qu'est-ce qui revient chaque été ?

• Joue à ce jeu avec tes amis.

Règles du jeu

Ce jeu se joue à deux joueurs ou plus. Chaque personne lance le dé et avance d'autant de cases que le nombre indiqué. Celle qui arrive à la case 20 avec un nombre exact gagne. Il faut suivre les indications données dans les cases. Le joueur ou la joueuse qui ne répond pas correctement perd un tour.

ENTRÉE DES MANÈGES

1

2

Tu veux aller dans les montagnes russes. **Avance à la case 5.**

Tu as déjà vu ce spectacle. **Passe un tour.**

18

Dis le nom de trois de tes amis en ordre alphabétique.

17

16

15

Repose-toi. **Passe un tour.**

14

Donne le titre d'un texte que tu as aimé lire cette année.

13

Fais une phrase avec le mot *maison*. **Avance de trois cases.**

12

• Fais le bilan de tes découvertes.

- Dis ce que tu reconnais dans ce texte.
- Décris ce dont il y est question et ce à quoi cela te fait penser.

Lis pour chanter la chanson d'Azimut. Ensuite, tu discuteras de tes attentes liées à la deuxième année du cycle. Ça te permettra d'exprimer ton opinion à tes camarades.

Azimut

Azimut, attention!
Prends ton baluchon.
Azimut, nous partons,
Dans toutes les directions.

1 La deuxième année m'attend!
Je suis maintenant bien grand.
Hourra! On va continuer
À apprendre et à chanter!

2 De grandes histoires à lire,
De belles histoires à écrire,
Des points de vue à partager,
Des sentiments à exprimer!

3 Jusqu'à mille, je vais compter.
Avec les formes, je vais jouer.
Des tas de choses à mesurer,
Des problèmes à solutionner!

4 Des bestioles à observer,
Lire l'heure dans une journée,
Apprendre à me questionner,
Bien savant, je deviendrai!

Suzanne Blain

- Explique ce qui t'attend l'an prochain, selon cette chanson.
- Note sur la fiche qu'on te remet ce que tu as hâte de faire ou de refaire l'an prochain.
- Explique à quoi sert de savoir lire.

Faisons le point ensemble

Je veux écrire de mémoire le plus de mots possible.

Dans mon baluchon

1. Voici les mots d'orthographe de la dernière partie du manuel. Avec tes camarades, invente des façons de les revoir.

après	cour	jamais	par
autobus	dimanche	je suis	parent
avoir	dire	jeudi	rien
banane	elle est	jeune	robe
beaucoup	elles ont	lire	rose
chat	enfant	lundi	samedi
chatte	être	lune	sept
chaud	fête	main	soir
chaude	garçon	mardi	souvent
cher	huit	merci	tableau
chère	il est	mercredi	toujours
chien	ils ont	neuf	tu es
chienne	j'ai	nom	vacances
côté	j'aime	orange	vendredi

Que penses-tu de ta façon d'écrire ces mots ? Choisis le visage qui correspond à ta réponse et explique-toi.

- Explique ce que tu as appris dans ce thème.
- Dis pourquoi il est important d'apprendre à bien orthographier les mots.

Les cartes Oreillimot